Historia de Zoya

La lei esta entretenida entertaining
bello Manuel y Marisol

Zoya, John Follain y Rita Cristofari

Historia de Zoya

La lucha de una mujer afgana por la libertad

Traducción de Ángela Pérez

Círculo de Lectores

A las mujeres de Afganistán,
víctimas del sufrimiento inhumano infligido
por el fundamentalismo.

Prólogo

El coche se detuvo cerca del puesto de control talibán que había a la entrada del puerto de Khyber cuando llegamos a la frontera afgana en Torkham. Mi amiga Abida me ayudó a ponerme el burka sobre la camisa y los pantalones, y a colocármelo bien para que me tapara completamente. Me sentía como si me hubieran metido en un saco. Saqué las piernas del coche como pude dentro de aquella montaña de poliéster barato y bajé.

El puesto de control quedaba a unos cien metros, y miré un momento mi patria, al otro lado. Hacía cinco años que vivía exiliada en Pakistán y era la primera vez que regresaba a Afganistán. Contemplé sus montañas áridas y polvorientas entre los barrotes de la celda. La malla de agujeros pequeños que tenía delante de los ojos me rozaba las pestañas. Intenté alzar la vista al cielo, pero la tela me tapaba los ojos.

El burka me agobiaba como un sudario. Empecé a transpirar al sol de junio y se me pegó la tela a la frente. Se evaporó al momento el perfume que me había puesto (un pequeño gesto de rebeldía). Poco antes, respiraba instintivamente sin problema, y de pronto sentí que me faltaba el aire, como si alguien me hubiera cortado el suministro de oxígeno.

Seguí a Yavid, que se hacía pasar por nuestro *mahram*, el pariente varón sin cuya compañía los talibanes no permitían que las mujeres salieran de casa. Él se dirigió al puesto de control. Yo no podía ver a las personas que estaban a mi lado. Ni siquiera podía ver el camino que pisaba. Sólo pensaba en el edicto talibán, según el cual todo mi cuerpo, incluidos los pies y las manos, debía permanecer oculto siempre bajo el burka. Sólo había dado unos pasos cortos cuando tropecé y estuve a punto de caerme.

Conseguí llegar al puesto de control y vi que Yavid hablaba con uno de los guardias, que llevaba garbosamente al hombro su fusil kalashnikov. Tenía el mismo aspecto salvaje que los muyahidines, los soldados que decían estar librando una «guerra santa»; los había visto de pequeña: mirada de locos, barba sucia y ropa mugrienta. Le vi llevarse la mano a la nuca, sacarse lo que debía ser un piojo y aplastarlo entre dos uñas con un chasquido seco. Recordé lo que decía la abuela de los muyahidines: «Si vienen a mi casa, ni siquiera tendrán que matarme. Me moriré del susto al verles la cara de locos».

Oí al talibán preguntar a Yavid adónde iba.

–Estas mujeres vienen conmigo –repuso Yavid–. Son mis hermanas. Hemos estado en Pakistán por un tratamiento, porque estoy enfermo, y ahora regresamos a Kabul.

Nadie me pidió la documentación. Ya me habían dicho que los talibanes sólo exigían un pasaporte a las mujeres: el burka.

Si el guardia nos hubiera pedido que abriera mi bolsa, habría descubierto, atadas y apretujadas debajo de mi escasa ropa, diez publicaciones de la RAWA (Revolutionary Association of the Women of Afghanistan), la Asociación Revolucionaria de Mujeres de Afganistán. En ellas se documentaban con fotografías (que me revolvían el estómago siempre que las miraba, por muchas veces que lo hiciera) las lapidaciones, los ahorcamientos públicos y las amputaciones realizadas a hombres acusados de robo (en las que se asignaba a adolescentes la tarea de enseñar las extremidades cercenadas a los espectadores), la tortura de víctimas a las que rociaban de gasolina y prendían fuego, y las tumbas colectivas que dejaba a su paso el ejército talibán.

Esos catálogos de los crímenes perpetrados por el régimen militar talibán se habían compilado basándose en los informes de nuestras compañeras de Kabul. En cuanto los pasáramos clandestinamente a la capital, se harían miles de fotocopias para que llegaran al mayor número posible de personas.

Pero el guardia talibán no me pidió que abriera la bolsa. Me permitieron traspasar el puesto de control y entré en Afganistán, arrastrando los pies, tropezando, con la dignidad aplastada.

Abida y yo éramos mujeres y por eso no podíamos hablar con el conductor del minibús Toyota cubierto de barro que esperaba la salida hacia Kabul; así que Yavid se acercó a él y le preguntó cuánto costaba el viaje. Abida y yo subimos luego al vehículo y nos sentamos lo más atrás posible con las otras mujeres. Tuvimos que esperar que llegara un guardia talibán y comprobara que no había ningún viajero sospechoso. Habría considerado sospechosa, por ejemplo, a una mujer que llevara calcetines blancos. Nadie podía usarlos bajo el absurdo régimen talibán, porque su bandera era blanca y se consideraba ofensivo que se emplearan prendas de ese color para cubrir una parte tan baja del cuerpo como los pies.

Cuanto más se prolongaba el viaje, más me apretaba la cinta del burka la cabeza, hasta que empezó a dolerme. Se me pegaba la tela a las mejillas húmedas, y el aire caliente de la respiración quedaba atrapado dentro. Mi asiento quedaba justo encima de una rueda, y la falta de aire, el calor agobiante y el olor a gasolina mezclado con el hedor a sudor y a pies sucios de los hombres que se sentaban delante hicieron que me sintiera cada vez más mareada hasta que creí que iba a vomitar. Tenía la sensación de que iba a estallarme la cabeza.

Llevábamos sólo una botella de agua para las dos. Cuando alzaba la tela del burka para tomar un sorbo, se me caía el agua por la barbilla y me mojaba la ropa. Llevaba aspirinas y conseguí tomar una, pero no me alivió nada. Procuré abanicarme con una cartulina, pero para hacerlo tenía que retirarme la tela de la cara con una mano y abanicarme bajo el burka con la otra. Intenté apoyar los pies en el asiento de delante para que me diera un poco de aire en las piernas. Tenía que esforzarme para no caer de lado cuando el minibús tomaba a toda marcha las curvas cerradas, y procuraba no pensar en lo que ocurriría si se caía por un precipicio al fondo del valle.

Intenté hablar con Abida, pero debíamos tener mucho cuidado con lo que decíamos y, además, la tela húmeda se me pegaba a la cara como una mascarilla cada vez que abría la boca. Abida me dejó apoyar la cabeza en su hombro, aunque ella tenía tanto calor como yo.

Precisamente durante ese viaje comprendí lo que significaba el burka. Observé de soslayo a las mujeres que se sentaban a mi alrededor y me di cuenta de que ya no las consideraba atrasadas, como cuando era pequeña. Aquellas mujeres se veían obligadas a ponerse el burka. De lo contrario, tendrían que enfrentarse a flagelaciones y palizas con cadenas. Los talibanes las obligaban a ocultar su identidad femenina, las hacían sentirse tan avergonzadas de su sexo que tenían miedo a enseñar un milímetro del cuerpo. Los talibanes no comprendían el significado del amor: ellos consideraban a las mujeres meros objetos sexuales.

Las montañas, las cascadas, los desiertos, los pueblos míseros y los tanques rusos destrozados que veía a través del burka y la ventanilla salpicada de barro apenas se me grabaron en la mente. Sólo pensaba cuándo acabaría el viaje. Las mujeres no pudimos salir del vehículo durante las seis horas que duró el viaje. No estaba permitido. El conductor sólo paró a la hora de rezar y entonces sólo permitieron bajar del minibús a los hombres para que rezaran en el arcén de la carretera. Yavid salió con ellos y rezó. Lo único que yo podía hacer era esperar.

Primera parte

UN REGALO DE RUSIA

Uno

Kabul siempre era más bonita con nieve. Hasta los montones de basura de mi calle, que eran la única fuente de alimentos de las gallinas y las cabras esqueléticas que los vecinos dejaban fuera de sus casas de adobe, me parecían preciosos cuando la nieve los cubría de blanco durante la noche.

Tenía yo cuatro años aquel mes de diciembre y había estado jugando en la nieve con otros niños. Nos empujábamos y chocábamos unos con otros al intentar esquivar las bolas de nieve, cosa harto complicada en una calle tan estrecha por la que sólo podían pasar tres adultos juntos a la vez; dejamos de jugar porque alguien quería comprar algo; yo no, pues no tenía dinero, aunque el tendero de la calle me dejaba comprar lo que fuera y pagárselo al día siguiente. Entramos todos en tropel en el pequeño colmado.

Había una mujer rusa en la tienda. Era militar. Vestía uniforme verde oscuro y botas altas como los soldados que yo había visto desfilar en la ciudad. Me vio y me tendió la mano, ofreciéndome una chocolatina envuelta en papel amarillo brillante. Era de las que más me gustaban.

La mujer se inclinó hacia mí y me dijo algo que no entendí. Yo no había estado nunca tan cerca de un invasor ruso.

No sabía qué hacer. La miré a la cara. Era igual que mi muñeca Mujda (Buena nueva): pelo rubio, piel blanca y ojos verdes. Exactamente la cara de la que me había advertido la abuela. «No debes fiarte nunca de ellos –me decía con severidad–. Son los invasores que han ocupado Afganistán. Tienen las manos manchadas de rojo, de la sangre de nuestro pueblo. Si un invasor ruso te ofrece alguna vez algo, no lo aceptes nunca ni vayas a ningún sitio con él.»

Pero la abuela se refería siempre a los hombres. Nunca me había dicho nada de las mujeres.

La mujer soldado se acercó más e insistió en darme la chocolatina. Miré a ver si tenía la mano manchada de sangre. Me daba miedo tocarla y mancharme yo también. Creía que entonces no podría limpiarme nunca, por mucho que me lavara. Le dije que no, pero ella se limitó a sonreír. Me dijo algo que no entendí.

Habló entonces con el tendero, y él me explicó lo que le había dicho:

–Dice que le caes bien y que sólo quiere que aceptes la chocolatina, que es un regalo. ¿Por qué no lo aceptas?

Le dije al tendero lo que la abuela me había mandado decir si alguna vez me hablaba un ruso.

–Mira, si es rusa, dile que se marche de mi país –le contesté, y salí enseguida a la calle.

Pero la mujer soldado me siguió. Me paré y ella se quedó allí plantada delante de mí y entonces vi que estaba llorando. Sacó un pañuelo del bolsillo y se lo llevó a los ojos.

Yo no había visto llorar nunca a un invasor. Me dio lástima. Me hubiera gustado mucho aceptar el regalo, pero no podía porque no sabía qué pensaría la abuela si lo hacía, y me daba miedo. Deseaba decirle: «Por favor, espera un momento. Voy a preguntar a la abuela si me da permiso para aceptar la chocolatina o si tengo que decirte otra cosa». Pero no me salían las palabras y me fui corriendo a casa.

Salté el regato pestilente que pasaba delante de nuestra casa y que todos usábamos como cloaca, abrí la puerta metálica azul que tenía la pintura desconchada y crucé el patio que yo llamaba jardín aunque nunca se cultivaron flores en él.

Me saqué los zapatos y corrí por las alfombras de colores vivos en busca de la abuela. Sabía dónde la encontraría. Se pasaba casi todo el día en un rincón de la habitación principal, con un pequeño velo en la cabeza y sentada en el suelo sobre el *toshak*, una especie de colchón en el que cabían bien cinco personas sentadas, colocado sobre las alfombras. A veces se recostaba en la pared de adobe.

Estaba rodeada por el rosario *(taspeh)*, que tenía todo el santo día en la mano, un vaporizador para el asma y la medicina que tomaba para el reúma. Yo no conocía a nadie que rezara tanto como la abuela. Veía a los demás rezar dos minutos y levantarse, pero la abuela se pasaba media hora seguida en la alfombrilla de rezos, que solía tener enrollada junto a la pared. A veces, yo quería pedirle o preguntarle algo o me apetecía salir a pasear con ella, y tenía que esperar y esperar hasta que acababa sus oraciones.

El ejemplar del Corán, que nunca me dejaba tocar si antes no me lavaba bien las manos, estaba siempre al alcance en una mesita de madera, protegido por un paño. La abuela estaba débil y le costaba trabajo incorporarse, así que lo hacía todo en el mismo sitio, desde pelar hortalizas hasta rezar cinco veces al día. Y cuando cocinaba, se movía tan despacio que tardaba muchísimo en preparar la comida.

Aquel día estaba echando su siestecita y no me atreví a despertarla, porque siempre le costaba mucho conciliar el sueño. Me senté frente a ella y procuré no hacer ruido. Los minutos transcurrían muy despacio. Jugué un rato con el rosario. La abuela rezaba susurrando algo muy bajo y pasando las cuentas con un leve clic clic clic. Un día, le pregunté qué decía y me contestó que repetía mi nombre una y otra vez. Yo me lo creí y me alegré mucho de que pronunciara mi nombre continuamente.

No podía quitarme de la cabeza a la mujer rusa. Me sentía avergonzada, tenía la sensación de que había obrado mal. La abuela despertó al fin y entonces le conté lo que había pasado.

–La mujer estaba llorando, abuela. Me daba pena. No acepté la chocolatina porque tú siempre me dices que no acepte regalos, pero quizás hubiera debido aceptarla, ¿no te parece?

–No, no tenías que aceptarla sólo porque fuera mujer y porque estuviera llorando, hija –me contestó. Ella siempre me llamaba «hija»–. Debías haberle dado las gracias, pero hiciste bien en no aceptar la chocolatina. Claro que no todos los rusos son malos. Algunos son como tú y como yo. Pero no olvides nunca que han entrado en tu país sin que nadie los invitara y que te están obligando a hacer lo que ellos quieren. Quieren que seamos sus sirvientes. Quieren robar las cosas más preciosas de nuestras grandes montañas. Pero nosotros queremos decidir nuestro propio futuro.

Hacía entonces tres años que los rusos habían ocupado Afganistán. Invadieron el país en diciembre de 1979, cuando yo tenía un año, con la excusa de apoyar al gobierno marxista-leninista que había tomado el poder en un golpe militar sangriento, porque temían que invadieran el país los fundamentalistas musulmanes, con el apoyo de los estadounidenses y los chinos, los mismos que habían derrocado al sah de Irán. La invasión arrastró a Afganistán a la guerra fría cuando los muyahidines pidieron ayuda a Estados Unidos para derrotar a los invasores.

La familia de mi padre y la de mi madre no podrían haber sido más diferentes. Mi padre era de una ciudad del sur de Afganistán. Pertenecía a la tribu pastún, como mi madre, los dirigentes tradicionales del país, y hablaba persa. Pero mi madre, cuyos padres la habían enviado al colegio y pensaban enviarla también a la universidad, no tenía en mucho a los parientes de él. Los consideraba atrasados, y nunca nos visitaban.

–Todas las mujeres de la familia de tu padre llevan el velo –me dijo una vez mi madre–. Y les parece lo más normal del mundo vender a una joven en matrimonio por unas vacas o unas cuantas ovejas. Tu padre riñó muchísimo con su padre porque tomó otras dos esposas cuando él era todavía un niño.

Mis padres eran parientes lejanos y su matrimonio lo acordaron sus padres, según la costumbre. Pero la celebración de la boda no se atuvo en nada a las costumbres. Las fiestas de boda afganas suelen durar una semana. Hasta las familias más pobres piden grandes sumas de dinero prestado para hacer fiestas separadas para el novio y la novia y dar banquetes a más de mil invitados. Trescientos invitados se considera muy pocos. Y la novia debe lucir cada día un vestido nuevo, costoso y de diferente color, como si tuviera que recorrer el arco iris.

Mi madre se casó a los dieciocho años. A ella todo eso le parecía absurdo, lo mismo que la costumbre de las aldeas más aisladas, según la cual los recién casados deben colgar fuera la sábana después de la noche de bodas para que la gente vea las manchas de sangre y sepa que la novia era virgen.

Ella insistió en hacer una fiesta sencilla y con pocos invitados. Dijo que el éxito del matrimonio no se medía por lo que se gastara en la boda. Decidió incluso no ir al salón de belleza el día de la boda. Bromeó diciendo que le pondrían tanto maquillaje que pesaría cinco kilos más.

Las ideas de la novia eran demasiado avanzadas para los parientes de mi padre. Algunos dijeron que sólo se hacían fiestas tan pequeñas cuando la novia era viuda o tenía algún defecto o le pasaba algo, por ejemplo, que estuviera enferma. Pero mi padre era el primero de su familia que había recibido una buena educación, pues había estudiado biología en la universidad, y estaba de acuerdo con mi madre y la apoyó en todo. A él también le gustaban las cosas sencillas; no recuerdo haberle oído hablar nunca de dinero. Mis padres se salieron con la suya y sólo asistieron a su boda cuarenta invitados.

Se casaron en la misma casa en que crecí yo: una vivienda de cuatro habitaciones oscuras con las paredes de adobe (a veces me caían encima trocitos de barro seco del techo mientras jugaba); y todo fue rapidísimo.

Según la tradición afgana, el novio y la novia han de sentarse juntos, y lo primero que ven el uno del otro debe ser su reflejo en un espejo que les ponen delante. Pero las familias de mis padres acordaron que se conocieran unas semanas antes de la boda. Sólo intercambiaron unas palabras y mi padre regaló un anillo de compromiso de oro a mi madre.

No hubo espejo en su boda. Mi madre se sentó junto a mi padre. Llevaba un vestido de color rosa claro y sus únicas joyas eran el anillo que le había regalado él y unos pendientes. Ni siquiera se había puesto henna en las manos.

Llegó el mulá, ataviado con ropa blanquísima, y preguntó a la novia primero y luego al novio si querían contraer matrimonio. La norma es que se lo pregunte tres veces a cada uno, y aunque no contesten, se considera un sí. Luego firmaron un papel y ya está, eso fue todo. La fiesta sólo duró un día. Los invitados tomaron «arroz cabulí», que es nuestro plato nacional: arroz con pollo, col, zanahorias, pasas, almendras y pistachos; *bolani*, que son tortas fritas de patata; y luego dulces y fruta. Según la abuela, los parientes de mi padre dijeron que aquella boda había sido como un funeral.

A pesar de que el suyo fue un matrimonio arreglado, mis padres llegaron a amarse. Él respetó los derechos de ella desde el principio. Muchos afganos insisten en que sus esposas lo dejen todo (por ejemplo, los estudios o el trabajo) y se queden en el hogar en cuanto se casan. Mi padre no lo hizo y mi madre pudo seguir libremente sus estudios de literatura en la universidad que habían construido los rusos. Había rechazado a un par de pretendientes ricos que tenían muchas tierras y muchos caballos porque eran muy tradicionalistas. A mi padre nunca se le habría ocurrido tomar más de una esposa.

Mis padres casi nunca se demostraban su afecto delante de mí. A ella le gustaba recitar poemas de amor y a veces se los leía en voz alta a mi padre. Yo no los vi besarse nunca. Pero cuando mi madre estaba cansada a última hora del día, le pedía que le diera un masaje. Entonces me dejaban sentar a su lado mientras ella se echaba en la cama, y él solía empezar por masajearle la cabeza. Luego el cuello y los hombros, por encima del camisón.

La abuela me contó que los parientes de mi padre también protestaron cuando yo nací. Muchos se llevaron una desilusión porque era niña. Era la primera hija y casi todos los afganos consideran muy importante que el primogénito sea varón. En las familias tradicionales de los pueblos, si el recién nacido es varón, los parientes se ponen a gritar: «¡Ha nacido un niño! ¡Ha nacido un niño!». Y los hombres disparan tiros al aire para celebrarlo. Los parientes y los amigos regalan dinero a los padres y lo meten en la cuna del bebé o en la cama de la madre. En algunas familias, dan más comida a los hijos varones que a sus hermanas.

Cuando nace una niña, no lo anuncian a voces ni corren a la casa a felicitar a los padres. Y tampoco les regalan tanto dinero. La gente suele acercarse a la madre y decirle: «No te preocupes. El próximo será niño».

La familia de mi padre quería que yo hubiera sido un niño porque los niños son más fuertes que las niñas y porque así cuando mi madre envejeciera podría irse a vivir a casa de su hijo, una costumbre que no existía con relación a las hijas. Pero mi padre discutió con sus parientes y les dijo que me quería exactamente igual.

–De mayor serás médica. O una buena profesora para enseñar a la gente –me decía siempre mi padre.

Tenía tantos planes para mí que mi madre se burlaba de él y le decía:

–Sólo tengo una hija y tú quieres que haga demasiadas cosas. Ella no puede cumplir todos tus sueños.

Mi padre se ponía serio y le contestaba:

–Ya lo verás. Hará algo bueno. Tiene lo que hay que tener.

Un día le pregunté a la abuela qué le parecía a ella que yo fuera niña, y me dijo:

–Estoy muy contenta. Creo que eres como un hijo y una hija para mí y quiero que seas tan fuerte en el futuro que nadie piense que eres una mujer.

Le pregunté cómo había nacido.

–Un día iba yo por la calle –me explicó– y vi un bebé precioso en un escaparate. Me paré y me quedé mirándolo un rato. Luego entré en la tienda y le dije al encargado que no tenía dinero pero que si me hacía el favor de darme a aquella preciosa hijita. Pero él me dijo que no, que valías muchísimo. Así que salí a la calle a pedir, conseguí el dinero y te compré. Así es como naciste.

Yo me sentía orgullosa de haber sido un bebé caro.

Dos

Mi madre era alta y esbelta, tenía los ojos negros y grandes y un precioso cabello negro. Siempre la echaba de menos, desde que puedo recordar. Le gustaba prepararme alguna comida especial cuando tenía tiempo; por ejemplo, pollo y arroz, o cordero. Y luego jugábamos al escondite o a la gallina ciega. Yo me daba cuenta de que me engañaba y que veía a través del pañuelo con el que se vendaba los ojos, pero no me importaba.

Salía de casa por la mañana temprano casi todos los días y regresaba a última hora de la tarde. Llegaba tan cansada y era tan evidente que había trabajado mucho que yo no me atrevía a preguntarle qué hacía. Sabía que durante el día tenía que ocuparse de algo que debía de ser más importante que yo, pero también sabía que todas las tardes volvería a casa y que entonces sería toda mía. Así que me resigné a no verla durante el día.

A veces me mandaban que dijera que mi madre no estaba en casa si iba alguien preguntando por ella. A ella no le gustaba hablar de su trabajo delante de mí. Pero yo me di cuenta de que algunos adultos de su familia estaban preocupados por lo que hacía, incluida mi tía Nasima, una de sus hermanas. Tía Nasima no se parecía en nada a mi madre. Yo siempre oía el repiqueteo de sus tacones altos en el patio cuando iba a visitarnos, antes de verla aparecer; llevaba un vestido distinto cada vez y se repintaba los labios de rojo chillón a cada instante. Le gustaba el lujo.

Un verano, cuando yo tenía cinco años, oí que tía Nasima le decía a mi madre mientras tomaban el té en casa:

–Piensa en tu marido y en tu hija. Deberías buscar un trabajo adecuado que os permitiera vivir mejor y pasar más tiempo con tu hija. Al fin y al cabo es la única que tienes.

–Nadie me obliga a hacerlo –le contestó mi madre–. Es una decisión mía.

–Pero piensa en los riesgos. La policía y el servicio secreto no paran estos días, ¡y tú vas a todos esos sitios tan peligrosos! –insistió tía Nasima.

Habían alzado tanto la voz que me levanté para salir de la habitación. A mis padres no les gustaba que estuviera delante cuando alzaban las voces. Pero no había llegado muy lejos cuando mi madre zanjó la discusión.

–Ya he oído suficiente. No quiero perder el tiempo. Es lo único que me importa.

Me enfadé con tía Nasima por haberle levantado la voz a mi madre. No tenía derecho a hablarle de aquel modo. Yo no tenía ni idea de lo que significaba su comentario sobre la policía y el servicio secreto.

Mi tía se marchó, y cuando mi madre se disponía a salir otra vez, me armé de valor para preguntarle:

–¿Por qué estás siempre tan cansada, mamá? ¿Por qué estás siempre lejos de mí? Las otras madres de nuestra calle pasan el día en casa con sus hijos.

–Lo siento, Zoya, cariño, pero tengo mucho trabajo que hacer con mis compañeras. Ojalá pudiera quedarme contigo en casa, pero tengo muchas cosas que hacer, muchísimas –me contestó ella.

Yo nunca pedí a mis padres un hermanito o una hermanita. Pero oí a la abuela decirles que debían tener otro hijo.

–No hay nada mejor que una familia numerosa, y además así perdurará vuestro nombre –les dijo.

Un día, pregunté a mi madre por qué no quería tener otro hijo.

–¡Ya tengo más que de sobra sólo contigo! –me contestó ella, sonriendo.

Ella nunca quería hablar del tema en serio. Ahora creo que comprendía que no tendría tiempo para dedicárselo a otro hijo. Pero a mí en el fondo me gustaba que no quisiera tener más hijos. Me hubiera sentido celosa y no hubiese soportado tener que compartirla.

Me daba cuenta de que mi madre era diferente de las otras madres del vecindario porque pasaba poco tiempo conmigo, pero eso era todo lo que comprendía. Me sentía sola y distinta de los demás niños. Los otros padres iban al trabajo todos los días como el mío, pero las madres se quedaban en casa con sus hijos. Si me mandaban acostarme antes de que mi madre llegara a casa no podía dormirme. Y la abuela no era de gran ayuda. Ella también tenía problemas para dormirse, aunque simulaba que no estaba preocupada.

–Duérmete ya, hija. Yo me aseguraré de que mamá está bien cuando llegue. Ella hace un trabajo muy importante y tú tendrás que procurar ser como ella algún día.

Un día de primavera, pocas semanas después de la visita de tía Nasima, estaba en la azotea de casa haciendo volar una cometa con mi padre –era uno de los pocos días que él tenía libres para pasarlos conmigo–, procurando no pisar los tomates que habían puesto a secar al sol en un rincón, cuando oímos una llamada en la puerta de la calle. Yo era demasiado pequeña todavía y no sabía manejar bien las cometas. A veces soltaba la cuerda y la cometa se me escapaba de la mano, agitando la cola a modo de despedida mientras se remontaba en el cielo sobre los minaretes y las cúpulas de las mezquitas, e incluso sobre las montañas que rodeaban mi ciudad y que hacían que me sintiera protegida.

Mi padre no se enfadaba conmigo nunca. Se limitaba a hacerme otra cometa con los papeles de colores azul, verde y rojo que me mandaba comprar en una tienda próxima. Siempre había muchas cometas volando sobre Kabul, centenares; siempre se veían más cometas que pájaros, y mi padre era un experto y sabía hacer que la suya surcara el aire y cortara la cuerda a otra para que también subiera y subiera hasta perderse de vista.

Aquel día, me pidió que bajara a ver quién llamaba a la puerta que separaba nuestro jardincito de la calle. Bajé la escalerilla despacio; luego crucé el jardín polvoriento. Abrí la puerta, y cuál no sería mi sorpresa al ver a una mujer que vestía un burka amarillo sucio. Estaba sola.

Yo había visto muchas veces a mujeres que se escondían bajo aquellos ropones en las calles de Kabul. Resultaban muy extrañas junto a las hermosas y alegres jóvenes de la ciudad, que caminaban del brazo, maquilladas y con faldas cortas. Las mujeres afganas habían pagado un precio muy alto por el derecho a no llevar velo: cuando el presidente y otros ministros de su Gobierno aparecieron en público en 1959 con sus esposas e hijas sin velo, los mulás provocaron disturbios que tuvo que sofocar el ejército.

La nueva Constitución proclamó, cinco años más tarde, la igualdad entre hombres y mujeres. Pero los jefes religiosos nunca aceptaron la incorporación de las mujeres a la fuerza laboral, y cuando el Gobierno títere declaró que las jóvenes debían elegir libremente a sus maridos y luego, a finales de la década de 1970, decretó la obligatoriedad de la enseñanza femenina, la furia de los mulás, que era mayor en las zonas rurales, puso en peligro la supervivencia del Gobierno, que pidió ayuda a los rusos.

Yo solía quedarme mirando los burkas tratando de imaginar cómo serían los rostros que se ocultaban debajo. Deseaba preguntar a las mujeres por qué los llevaban, pero nunca me atreví a hacerlo. Ninguna de ellas había ido nunca a mi casa. Mis padres me habían dicho que sólo usaban burka las mujeres de los pueblos remotos que no sabían leer ni escribir. Las mendigas también lo llevaban y las prostitutas que no querían que las reconocieran.

Yo no quería dejar pasar a aquella mujer. Miré con fijeza el calado que le cubría la cara, pero sólo podía verle parte de los ojos, las cejas y el puente de la nariz. Ni siquiera distinguía de qué color tenía los ojos. No la conocía y me pregunté por qué se escondería de aquel modo.

La mujer me habló entonces con una voz extraña, tan grave como la de un hombre.

–Zoya, cariño, ¿por qué no me dejas entrar? –me dijo.

Me asustó que supiera mi nombre, y quise cerrar la puerta y volver corriendo con mi padre. Pero ella cruzó el regato y entró en el jardín. Cerró la puerta y se inclinó de pronto para quitarse el burka con un movimiento amplio levantando una nube de polvo, que me cubrió la cara e hizo que me escocieran los ojos. Entonces vi que me sonreía. Era mi madre.

La abracé con alivio, hundiendo la nariz en su cuello para oler su perfume, aunque estaba enfadada por la broma que me había gastado y se lo dije.

–¿Por qué llevabas eso puesto, mamá? –le pregunté, señalando el burka, que ahora sostenía plegado en el brazo.

Ella siempre me había dicho que lo odiaba cuando veíamos a mujeres con burka en la calle, y que sólo servía para que se cansaran todavía más.

–Por lo bonito que es –me contestó riéndose.

Yo sabía que estaba bromeando, pero no me explicó la verdadera razón. Me olvidé enseguida del burka mientras mi madre me siguió a la azotea para reunirnos con mi padre. Los tenía a los dos para mí sola. Ella no sabía manejar las cometas como él, pero también le gustaban.

Que yo recuerde, ésa fue la primera vez que vi a mi madre con burka.

No supe que se lo ponía para salvar la vida hasta mucho tiempo después. Poco podía imaginar yo entonces que algún día también lo llevaría, que tendríamos que llevarlo todas las mujeres, no sólo las de mi ciudad sino las de todo el país, y exactamente por la misma razón que ella.

Mis primeros recuerdos de la lucha entre los muyahidines y los rusos en mi ciudad se remontan a una noche de febrero de 1984, cuando tenía seis años. Me desperté sobresaltada. Estaba acostumbrada a despertarme un momento cuando el reloj daba las horas y cuando el muecín o predicador de la mezquita hacía la primera llamada a la oración. La abuela solía levantarse de la cama cuando lo oía, se arrodillaba en la alfombrilla y se ponía a rezar; yo volvía a quedarme dormida.

Pero aquello era diferente. Sólo se oía el ruido de las termitas, sus diminutas mandíbulas hacían un sonido rasposo continuo mientras se abrían paso en la mesa y en la silla: eran tan voraces que a veces se caía un brazo de la silla en la que me sentaba mientras dibujaba, y estaba tan acostumbrada que no me importaba compartir el dormitorio con ellas. No sabía qué era lo que me había despertado, pero no tardé mucho en averiguarlo. Algo pesado golpeó el suelo con un ruido sordo. Luego se oyó otra vez. Y otra. No podía determinar si era lejos o cerca, pero no quería quedarme sola. Así que retiré la ropa de la cama y salí corriendo del dormitorio descalza en camisón, crucé el jardín, sintiendo el frío cortante, entré en el cuarto de la abuela y me metí en su cama de un salto.

La abuela era dura de oído y estaba profundamente dormida.

–¿Qué pasa? –farfulló, mirándome con expresión asustada cuando al fin conseguí que se despertara con mis zarandeos.

–Escucha –le dije–. ¿Qué es?

Se oyó otra vez el ruido. La abuela me estrechó con fuerza. Tenía los senos gruesos y cálidos, olía a polvos de talco que compraba en el bazar y tenía el vientre grande y blando como masa de pan. Me gustaba el olor de su cabello largo, que era negro y gris, y que solía llevar recogido en un moño.

–Está bien, puedes quedarte a dormir conmigo –me dijo.

–Pero ¿qué es eso? –insistí yo.

–Nada, hija, no te preocupes. Duérmete.

Y para que me durmiera, me contó con su voz suave y agradable el cuento de un hada muy bella y un rey que la quería para él solo.

Al día siguiente por la mañana, mis padres me dijeron que lo que había oído por la noche era el ruido de los soldados entrenándose. Pero a partir de entonces, casi siempre dormía con la abuela, en su cama o en la mía, que trasladaron a su habitación. Ella me había dicho que fuera a verla a ella si quería algo de noche y no a mis padres, porque a ellos podía molestarles y a ella siempre le gustaba que estuviera a su lado. Y yo la obedecía encantada, porque su presencia me tranquilizaba más que la de mis padres.

Empecé a tener una pesadilla, a pesar de lo que me habían dicho los mayores. Era siempre la misma. Soñaba que estaba en la cima de una montaña y que de repente, sin saber si había saltado yo o si me había empujado algo o alguien, estaba a punto de caer al vacío. Me despertaba siempre antes de empezar a caer.

Volví a oír aquel sonido pocos días después. Estaba sentada en la sala dibujando una jaula como las que había visto en el bazar, y la abuela estaba en la cocina –la casa siempre olía a lo que se estaba cocinando: arroz, judías o algún tipo de hortaliza–, cuando de pronto se resquebrajaron en zigzag dos cristales de las ventanas. Tembló toda la casa. Yo también temblé y solté el lapicero asustada.

Me quedé un momento mirando las ventanas, aterrorizada, sin moverme. No me cabía en la cabeza que pudieran romperse dos cristales al mismo tiempo. ¿Sería una broma de alguien que había tirado dos piedras a la vez para asustarnos? Pero yo no había visto a nadie en el jardín.

La abuela entró corriendo en la habitación y me recogió en su suave abrazo. Ya no quise seguir dibujando después de aquello. Sólo podía pensar en si se romperían más ventanas y me caerían encima los cristales.

La abuela me explicó después lo que eran las bombas, y que los hombres podían arrojarlas desde las montañas que rodeaban la ciudad y que podían caer y explotar en una casa mientras todos dormían, sin que nadie despertara siquiera. A partir de entonces, insistí en dormir siempre con la luz encendida. Todavía hoy, tengo que dormir con una luz encendida.

Volví a oír aquel sonido muchas veces durante los años de la ocupación rusa, siempre que los muyahidines se acercaban a Kabul y bombardeaban las afueras de la ciudad o, en contadas ocasiones, la ciudad propiamente dicha. Los rusos solían arreglárselas para hacerlos retroceder durante un tiempo, pero siempre conseguían volver y otra vez oíamos aquel ruido.

Yo dormía mejor cuando pasábamos todos la noche en la misma habitación durante el invierno, acurrucados en torno al *sandali*, que era el único foco de calor de la casa. La abuela colocaba una bombilla debajo de una mesita que cubría luego con mantas, y nos sentábamos alrededor con las piernas cruzadas debajo de las mantas. La bombilla bastaba para darnos calor a todos, aunque debíamos tener cuidado de no quemarnos los pies. Y debido al *sandali* –que, según la abuela, me hacía ser más perezosa de lo normal en casa–, yo siempre anhelaba que llegara el primer día de invierno para poder disfrutar de las horas que pasábamos tomando té y conversando a su alrededor.

No soportaba alejarme de allí, ni siquiera para ir a lavarme los dientes y ponerme la ropa de dormir, porque en el resto de la casa hacía mucho frío. A veces tanto, que la nieve del tejado se congelaba y mi padre tenía que cortarla para que no se hundiera el techo. Cuando dormíamos junto al *sandali*, dejábamos la bombilla encendida toda la noche para mantenernos calientes.

Mis padres casi nunca estaban en casa, así que fue la abuela quien me crió. Ella es la persona más importante de mi vida –más incluso que mis padres–, porque ha pasado más tiempo conmigo que ellos. Una de las razones de que la quiera tanto es que, a diferencia de mis padres, ella nunca me obligó a dormir por la tarde. La llamo abuela aunque no es mi verdadera abuela. Mi verdadera abuela murió cuando yo era muy pequeña.

Una vez oí a tía Nasima hablar con mi madre y decirle que la abuela no era mi verdadera abuela. Mi madre se enfadó mucho con ella y le pidió que se callara. Nunca pregunté cómo habían conocido mis padres a la abuela. Nunca deseé saberlo. Y siempre que la abuela tocaba el tema la hacía callar.

–Para mí eres más real que una abuela de sangre –le decía.

Mi madre sabía lo mucho que yo quería a la abuela, pero nunca hizo ni dijo nada que me hiciera pensar que tenía celos. Era como si deseara que la abuela me protegiera.

La abuela se llamaba Nabila. Era más rica que mis padres y había ido a vivir a nuestra casa después de la muerte de su marido, cuando yo tenía siete meses. Había dejado a sus tres hijos adultos para estar conmigo y siempre me decía que me quería más que a nada en el mundo.

A los seis años, empecé a adquirir la costumbre de correr a su lado con un libro que sacaba a hurtadillas del estudio de mi padre cuando estábamos las dos solas en casa. Él me decía siempre que no entrara en su estudio, pero sus libros me atraían demasiado, pese al hecho de que no sabía leer.

Me gustaba que fueran todos de diferentes colores, y sabía que estaban llenos de historias porque, a veces, cuando le pedía a mi madre que me contara un cuento, ella iba a buscar un libro. Lo abría, lo miraba y empezaba la historia.

Debía tener mucho cuidado. No me importaba caerme y hacerme daño, pero lo más grave sería que estropeara un libro de mi padre. Sabía que se enfadaría mucho conmigo si se me caía un libro sin querer y se rompía la encuadernación, o si manchaba de té una página.

Solía elegir uno bien grueso, porque creía que contendría una historia especialmente buena, y se lo llevaba a la abuela. Ella se acomodaba en el *toshak,* se ponía las gafas y empezaba a leer. Todos los cuentos empezaban del mismo modo: «Había una vez una niña pequeña que vivía sola con su abuela...».

Yo creía que la abuela estaba leyendo. No tenía la menor idea de que los libros que le llevaba eran de biología, de química o de política. Sólo sabía que no tenían dibujos, pero que los cuentos siempre eran buenos. Ahora sé que la abuela, aunque sabía leer, no entendía una palabra de los libros que le llevaba y que se inventaba los cuentos sobre la marcha. Ella no había ido a la escuela. Ni siquiera sabía en qué año había nacido.

Yo siempre le hacía prometer que nunca diría a mi padre que había sacado los libros de su estudio. Una vez, se me cayó un poco de té en uno, y la abuela le dijo a mi padre que ella me había pedido que se lo llevara del estudio.

Mi madre no me defendió.

–Tú ya tienes tus propios libros en tu habitación. ¿Por qué tienes que andar sacando los de tu padre de su estudio?

Pero los míos eran aburridos, porque ya sabía lo que contenían. De todos modos, mi madre estaba siempre fuera o atareada con las labores domésticas, y además mandaba menos en casa que la abuela, así que no hacía mucho caso de su desaprobación.

Los cuentos de la abuela llenaban mis días. Historias de los monarcas que reinaron en Afganistán y cómo torturaban y asesinaban a su pueblo. La abuela me explicó la historia de las muchas tribus diferentes que formaban Afganistán. Y que impiden que muchos historiadores decidan si el país, que es musulmán pero no árabe, pertenece a Asia Central, al subcontinente indio o a Oriente Próximo.

Me habló de la tribu pastún, a la que pertenezco, insistiendo en que si bien dicha tribu había dado muchos gobernantes a Afganistán, eso no era nada de lo que hubiera que enorgullecerse. Muchos monarcas nunca lucharon por la independencia y se rindieron a quien invadiera Afganistán en su tiempo. Un rey, el emir Abdul Rahman Kahn, era famoso por dos cosas: su enorme harén y su decisión de acabar con la tribu hazara, cuyos miembros, según me contó la abuela, tenían rasgos chinos. Ese rey construyó una torre con las cabezas de los enemigos que había matado. La abuela no supo decirme lo alta que era la torre.

Los cuentos de la abuela me hacían reír o me enseñaban una lección. En uno de ellos, le decían a la niñita que no abriera nunca la puerta de casa a un soldado ruso –«Los reconocerás fácilmente porque tienen el pelo rubio, la piel blanca y los ojos verdes»–, pero luego el soldado entraba en la casa por la fuerza e intentaba llevarse a la niña. Ella gritaba pidiendo ayuda y su familia acudía a rescatarla.

También me contaba historias de ricos y pobres, y el final era siempre el mismo: «Unas personas son ricas y otras son pobres, y los pobres tienen que luchar más para sobrevivir y para hacer valer sus derechos. También tú tendrás que luchar algún día», solía decirme.

Me gustaban los cuentos que me contaba la abuela, pero me distraía cuando empezaba a hablar del futuro. Ella me miraba entonces y me decía en tono severo:

–Presta atención a lo que te digo, hija. Tal vez ahora mis palabras no signifiquen nada para ti, pero algún día comprenderás lo importantes que son.

Ahora sé que debía haberle prestado más atención y que fue una buena maestra. Ella no había luchado contra las tradiciones de su cultura, pero, a diferencia de casi todas las mujeres de su edad, esperaba que yo y otras mujeres de mi generación aprendiéramos de sus errores.

Tres

Pocos días antes de mi séptimo cumpleaños, mi madre me llamó a su lado una mañana cuando estaba sentada al tocador. Me levantó y me sentó en las rodillas. Yo apreciaba muchísimo aquellos momentos. Le pedía que me dejase ponerme unas gotitas de perfume, o al menos olerlo de cerca cuando se perfumaba ella. Quería saber de dónde procedía exactamente el aroma del perfume. Sobre el tocador había un paño que había bordado la abuela con flores, y sobre el paño, con los otros artículos de tocador, mi madre tenía también el perfume. Nunca había más de dos frasquitos, porque era muy caro. Ella siempre decía que prefería no perfumarse a ponerse un perfume barato y malo. El mejor regalo que podías hacerle era perfume, y yo le compré una vez un frasquito en el bazar. No podía ser uno de sus favoritos, pero ella me cubrió de besos de todos modos. Siempre me decía que los de París eran los más famosos del mundo. Uno de sus preferidos era Charlie.

En general, no me dejaba acercarme siquiera a sus frascos de perfume. Me había reñido muchas veces por ponerme un poco cuando estaba sucia después de haber pasado el día jugando en el jardín o en la calle.

–Eres una niña mala. ¡Date un baño y luego te perfumas! –solía decirme.

Pero aquella mañana de 1985, me dejó ponerme un poco y luego me miró fijamente a los ojos muy seria.

–Escucha, Zoya –me dijo–, ¿te gustaría venir conmigo cuando vaya a hacer mi trabajo?

Me sentí tan orgullosa que le dije que sí al momento. Ni siquiera se me ocurrió preguntarle qué tendría que hacer. Lo averigüé enseguida. Me mandó que buscara la mochila, una que tenía un oso dibujado. Luego metió en ella algunos juguetes, mi biberón (hasta los siete años me negué a tomar leche si no era en biberón) y unos papeles que yo no había visto nunca, y me sentó otra vez en las rodillas para explicarme lo que tenía que hacer.

–Si nos para alguien en la calle y pregunta adónde vamos, tienes que decir sólo que vamos de compras. No debes decir nunca nada más. No debes mencionar nunca los papeles de la mochila. Si alguien los encuentra, debes decir que tú no sabes nada de ellos. ¿Te acordarás de todo lo que te he dicho?

Asentí. Ella parecía satisfecha y se puso el horrendo burka.

–¿Por qué te pones eso? Creía que no te gustaba nada.

–No me gusta, lo aborrezco, pero tengo que llevarlo para poder hacer mi trabajo –me contestó.

Me dio la mano y salimos a la calle. Fuimos a diferentes casas y mi madre paraba unos minutos en cada una. A veces me hacía pasar a la casa con ella y la veía hablar rápidamente con las personas de la casa y darles uno de los papeles. Otras veces me dejaba en la calle.

–Vigila por si vienen soldados, o cualquiera que te parezca que puede ser un espía de la policía –me decía.

La abuela sabía que yo corría escaso peligro, por mi edad, y le parecía bien mi nuevo trabajo. Mi padre no quería intervenir, él respetaba las decisiones de mi madre. Ella parecía encantada con mi colaboración, aunque a veces me olvidaba de algo que me había mandado hacer y entonces se enfadaba conmigo.

Era un trabajo extraño y fatigoso, porque las visitas de mi madre a veces duraban horas. A mí me parecía que mi trabajo no era en sí muy importante, pero era una niña pequeña y ya ayudaba a mi madre. Eso era lo único que importaba. Y además, mi madre me había elegido a mí, porque yo había oído a la abuela ofrecerse a ayudarla, y ella no había aceptado.

Las salidas con mi madre no eran frecuentes y yo las esperaba con impaciencia. Me gustaba estar con los adultos, ya se tratase de la abuela o de mis padres. Lo pasaba mejor con ellos que jugando con otros niños, porque sus juegos me parecían estúpidos y me molestaba que se riesen de mí por tonterías, como suelen hacer los niños.

Prefería quedarme en casa con la abuela.

–¿Qué le pasa? ¿Por qué no juega con nosotros? –le preguntaban a mi madre los otros niños, primos míos.

Eso irritaba a mi madre.

–Pórtate como una niña –me decía–. No te quedes aquí sentada con la abuela y conmigo.

Pero yo cerraba la puerta cuando iban a buscarme gritando que había llegado a la calle el vendedor de juguetes (que llevaba un palo en el que colgaba toda suerte de globos, muñequitas y tanques y helicópteros rusos de juguete).

Nunca tuve una amiga íntima. Mi mejor amiga era la abuela. A ella le gustaba decirme: «Eres un león en casa y un ratón en la calle».

Años después, me encontré con una chica que me había conocido de niña en Kabul.

–Nunca querías hablar conmigo cuando iba a verte –me dijo.

Quizás el problema fuese que estaba acostumbrada a estar sola o con adultos, y esperaba que los demás niños se comportasen como las personas mayores. Me parecían aburridos si se comportaban como niños.

Sólo había una niña en mi calle que despertaba mi curiosidad. Su padre, que tenía la barba larga, no quería que su hija jugase con los demás, y ella se quedaba a la puerta de su casa alejada de nosotros y llevaba siempre un pañuelo que le cubría casi toda la cabeza y la cara. Le pregunté a la abuela por ella. Me dijo que el padre tenía cuatro esposas y que apenas las dejaba salir de casa.

–En esa familia son todos tontos de remate –me dijo–. No te molestes en intentar hablar con ellos.

Tiempo después, cuando ya podía entender lo que significaba la palabra, me explicó que seguramente el padre fuera fundamentalista.

Yo sólo jugaba con Jadiya, que vivía a tres casas de la nuestra. Su madre era maestra. Jadiya también prefería la compañía de los adultos, y eso nos unía. Tenía muchas muñecas y las llevaba cuando iba a mi casa a jugar conmigo; las poníamos a todas en mi cuarto con mi muñeca Mujda y organizábamos una fiesta de cumpleaños. Yo había visto a los adultos ofrecer té a las visitas muchas veces. Era costumbre ofrecer una taza de té a las personas que iban a verte a tu casa. Me había fijado en que los adultos insistían cuando el visitante rechazaba cortésmente el té.

Jadiya me propuso una vez que usásemos un burka para un juego. No me gustó nada la idea, pero ella insistió y me llevó a casa de una vecina, donde dijo que encontraríamos uno porque una parienta que estaba de visita aquella semana siempre llevaba burka cuando salía. Me aseguró que lo pasaríamos muy bien.

Jadiya era la que mandaba. Llevó también a dos amigas suyas.

–Ponte el burka, Zoya –me dijo–. Tienes que hacer de fantasma y perseguirnos gritando. Nosotras escaparemos y tienes que intentar alcanzarnos.

No me parecía nada divertido aquel juego. Yo no creía en fantasmas, aunque me daba miedo cruzar el patio de noche para ir al retrete. Pero Jadiya y las otras niñas me obligaron a sentarme y me pusieron el burka. Yo no tenía ni idea de cómo se llevaba, pero la niña de la casa sí lo sabía porque había visto a su parienta ponérselo. Era grande y pesado, no podía respirar ni ver bien con él puesto, y me tambaleé a un lado y a otro cuando intenté levantarme.

–¡Venga! –gritó Jadiya–. ¡Persíguenos!

Intenté recoger toda la tela que me cabía en las manos y conseguí dar dos pasos. Ni siquiera veía a las otras niñas. Sentí que una me daba un empujón fuerte en la espalda, me caí de bruces y el calado de delante de los ojos se deslizó hacia atrás.

No veía nada. Me había quedado ciega.

–¡No veo nada! ¡No veo nada! –grité una y otra vez, hasta que me ayudaron a quitarme el burka.

–No me gusta nada este juego –les dije–. No quiero volver a ponérmelo.

Jadiya me contaba muchas cosas del colegio en el que daba clase su madre y, aunque no me entusiasmaba la idea de estar con un montón de niñas, me hubiera gustado saber cómo era. Había visto en la calle a las niñas de uniforme, riéndose y tocando el timbre cuando iban al colegio en bicicleta. Me hubiera gustado montar en bici también y llevar los libros como ellas.

Pero mis padres me hacían estudiar en casa. Todos los días al atardecer, cuando mi padre volvía, me imponía el mismo ritual: me llamaba, me sentaba en las rodillas, me abrazaba y me besaba. Era muy cariñoso conmigo y yo le abrazaba con más frecuencia que a mi madre. Me picaba con la barba. Era perezoso para afeitarse y sólo lo hacía una vez al mes.

Me pedía los deberes del día y me ponía otros para el siguiente. Siempre lo mismo: tenía que escribir unas cuantas líneas en persa, el idioma que hablábamos en mi familia, sobre un tema que él hubiera elegido, como por ejemplo: primavera, cometas o respeto a mis mayores. Al día siguiente por la tarde, me pedía lo que había escrito para leerlo y corregir las faltas.

Era de lo único de lo que quería hablar conmigo, así que llegué a temer su regreso y que me pidiese que le llevase el té para que pudiéramos hablar de los deberes que me había puesto. Si no los había hecho, me escondía, con la esperanza de que se le olvidara. O acudía corriendo a mi madre y le pedía que me ayudase a escribir algo a toda prisa.

Pero él siempre se daba cuenta cuando lo había escrito a toda prisa.

–No es muy interesante, la verdad –me decía–. Me gustaría ver que te esfuerzas por pensar, que interpretas las cosas con atención y que no te limitas a escribir lo primero que se te pasa por la cabeza.

Se repetían siempre los mismos temas y lo que yo podía decir sobre la arena o el ventilador tenía un límite. Todos los días confiaba en que mi padre llegara a casa más tarde y estar ya acostada y dormida. Años después lo lamentaría.

Lo más parecido a lo que podía ser el colegio lo conocí con

Sima, una profesora a quien pagaba la abuela –con el dinero que le había dejado su marido– para que me diera clases en casa. Vino tres días por semana durante un tiempo. Nos sentábamos en el suelo, ella sacaba el libro y la labor de punto y no paraba de tejer en las dos o tres horas que pasábamos juntas, moviendo y chasqueando rápidamente las agujas frente a mí.

Con Sima no pasé de leer y escribir en persa y de hacer operaciones aritméticas. Nunca demostró que le importara que yo aprendiera o no. Me daba un libro en persa y me mandaba copiar diez hojas. Le tenía sin cuidado que no entendiera el significado de lo que copiaba.

Cuando veía que empezaba a aburrirme, se ponía a charlar conmigo y a contarme chistes. Yo era sólo una niña, pero sabía que aquello no me beneficiaba. Sus visitas se hicieron enseguida muy irregulares y luego dejó de venir. No la eché de menos. Mis padres probaron con otras profesoras, pero a los nueve años, tras dos años de haber empezado a recibir clases, ya no tuve más maestras.

No comprendí por qué mis padres se negaban a mandarme al colegio hasta muchos años después. Tenían miedo de que los muyahidines pusieran bombas en los colegios o en otros edificios del camino, y además no soportaban el sistema de enseñanza. Se impartían todas las asignaturas conforme a las directrices establecidas por el régimen títere, y muchos libros eran traducciones de los libros de texto rusos. Mis padres creían que los niños aprendían más sobre Rusia que sobre Afganistán.

La abuela insistió en que estudiase en casa todo lo posible. Era tan firme en eso que solía discutir con una vecina que nos visitaba a veces.

–No quiero decir que tenga que ser ama de casa –decía la vecina–, pero esta niña debería aprender a cocinar y mantener limpia y ordenada una casa. Si no, ¿cómo va a poder vivir con un marido?

–Te equivocas –replicaba la abuela–. Debería hacer el trabajo que hacen los niños. Te aseguro que lo de cocinar y limpiar no tiene futuro. Educación y conocimientos, eso es lo que necesita. Zoya, sal de la cocina y ve a leer un libro.

Nunca aprendí a cocinar.

Hacía poco más de un año que ayudaba a mi madre en su trabajo siempre que me lo permitía, cuando una tarde, después de comer el arroz con judías y de que yo limpiara y recogiera el *destarjan* (el mantel de plástico que poníamos sobre la alfombra), mi padre nos reunió en torno a él y dijo que quería que oyéramos algo.

Puso una cinta en el casete y nos dijo que la había grabado un amigo que había ido a la prisión central de Kabul a ver unos anuncios oficiales que habían expuesto al público. Por lo que yo podía entender, era sólo una lista de nombres, muchos nombres, tantos que no podría haberlos contado.

Pero al ver cómo se quedaban paralizados mis padres y la abuela sentados en los cojines, comprendí que pasaba algo espantoso. La lista seguía y seguía.

Un grito de mi padre rompió súbitamente la monotonía del sonsonete de nombres. Despotricó contra los rusos, contra el régimen títere. Gritó «*Wattan frosh!*» («¡Vendedores del país!») y otras palabras que yo no le había oído nunca. Pregunté qué pasaba, qué significaba todo aquello, pero me dijeron que me callara.

Se acabó la cinta, pero los adultos no se movieron ni abrieron la boca hasta que la abuela se levantó y dijo que se iba a la cama. Mis padres siguieron sentados en silencio sin hacerme caso, así que me levanté también y seguí a la abuela.

La encontré rezando en voz alta. Repetía una y otra vez: «¡Alá, Alá, bendice a los mártires que intentan liberar nuestro país!». Me explicó que mis padres conocían a algunas personas de la lista, que eran políticos, escritores y poetas, profesores de la universidad en que habían estudiado ellos, personas valientes que habían adoptado una actitud firme contra los invasores.

–Escúchame bien, hija. Todas esas personas querían echar a los rusos de nuestro país. Y los rusos los han torturado y los han matado –me dijo.

Era la primera vez que la abuela me contaba la verdad sobre la vida bajo la ocupación rusa. Aquella noche me quedé dormida oyendo el rumor de su plegaria.

Toda la felicidad que pudiera haber habido en mi casa se esfumó entonces. Mi padre salió temprano al día siguiente y mi madre guardaba silencio. Pasé casi todo el día con la abuela. La observé mientras sacaba sus ropas de los baúles de hierro oxidados que tenía junto a la pared de su cuarto y luego volvía a guardarlas.

–Piensa en las madres y en las mujeres de esa pobre gente –me dijo–. Ahora sólo les quedan las tumbas.

No se lo dije a la abuela, pero pensé cómo me sentiría si aparecieran en aquella lista los nombres de mis padres mientras yo estaba en casa sentada esperando que llegaran.

Comprendí entonces por primera vez que mataban a la gente por sus ideas; y el miedo entró en mi casa como no lo había hecho nunca. Mis padres estaban preocupados porque los rusos habían reclutado espías entre la población de Kabul, y hasta los vecinos podrían traicionarles. Mi madre me repitió una y otra vez que no hablara con nadie sobre el trabajo que habíamos hecho juntas. Y, a partir de entonces, empezó a pasar aún más tiempo fuera de casa.

En cuanto a mi padre, nunca le había visto más triste. Siempre que le preguntaba si podía ir a buscar algo a las tiendas me decía que no, que era demasiado arriesgado.

–No salgas sola. Es peligroso –me decía.

Esas palabras se me quedaron grabadas en la mente.

Una semana más tarde de que mi padre llevara la cinta grabada a casa, y después de haberle dado la lata un día tras otro pidiéndole permiso, me dejó salir una tarde a visitar a tía Nasima, que vivía en la ciudad. Ella fue a buscarme y luego me convenció de que me quedara a pasar la noche en su casa, aunque no podía avisar a mis padres de que me quedaría más tiempo del previsto. Yo sabía que iba a tener problemas. Puedo recordar a mi padre repitiendo una y otra vez desde mi más tierna infancia: «Donde pases el día es cosa tuya. Pero de noche debes estar siempre en casa». Mi tía me dijo que ya hablaría ella con mi padre cuando me acompañara a casa.

Tía Nasima me acompañó al día siguiente por la mañana a casa, tal como me había prometido. Mi padre me besó delante de ella como si nada, pero me di cuenta de que estaba enfadado. Le preguntó a tía Nasima dónde había estado; y en cuanto ella se marchó, me pidió que fuera a su cuarto y me preguntó en voz queda por qué le había desobedecido.

–Tía Nasima me dijo que podía quedarme, que ya te lo explicaría ella –le contesté, balbuceando.

Me sentía diminuta, no me atrevía a levantar la vista de los pies para mirarle a los ojos.

–¿No comprendes que vives en un país ocupado? Escúchame bien. No te he pegado nunca, pero has hecho algo que te había prohibido. ¿Qué te parece que debo hacer ahora? –me preguntó.

No contesté. Nunca le había visto tan enfadado. Pensé en irme corriendo con la abuela. Tal vez pudiera esconderme detrás de ella y usarla a modo de escudo. Así estaría fuera de su alcance.

–¿Qué debo hacer ahora? –repitió mi padre.

La bofetada me abrasó la mejilla. Pero me quedé inmóvil cuando me dio otra en la otra mejilla.

Mi madre dejó lo que estaba haciendo al verme llegar a la cocina llorando, me abrazó con fuerza y fue a hablar con mi padre. Oí cómo discutían. Ella le dijo que yo era sólo una niña, que ya me había dado cuenta de que había cometido un error y que no había ninguna necesidad de pegarme.

Pero la abuela dijo que mi padre había hecho lo que tenía que hacer castigándome. Me dijo que podía haberme alcanzado una bomba en la calle y nadie se habría enterado.

Segunda parte

LA HERIDA ABIERTA

Cuatro

Resolví al fin el misterio del trabajo de mi madre poco después de cumplir ocho años. Hacía semanas que estaba cada vez más pálida y agotada, hasta que una noche, al llegar a casa, tendió de pronto la mano para apoyarse en la pared y se cayó poco a poco en la alfombra, desmayada.

Corrí a la cocina a buscar zumo de naranja o de limón. Luego herví un poco de agua con la varilla eléctrica para prepararle té negro dulce. Después me senté en silencio con ella mientras recuperaba fuerzas y le di un masaje en los pies para ayudarla a relajarse.

Cuando se fue a la cama más tarde aquella noche, la acompañé y me tumbé a su lado. Me dio un beso, me acarició el cabello y luego empezó a frotármelo con aceite. Me rozaba levemente el cuero cabelludo con el anillo de oro. Me volví hacia ella y empecé a hacerle las mismas preguntas que le había hecho tantas veces:

–¿Dónde has estado hoy, mamá? ¿Por qué no te quedas nunca en casa conmigo?

Esa vez no me dio una respuesta evasiva. Me miró muy seria con sus grandes ojos negros.

Empezó recordándome a una de nuestras vecinas, una mujer que solía ir a nuestra casa llorando porque su marido le había dado una paliza.

–Verás, hija, tienes que saber que aquí en Kabul hay mujeres a quienes no sólo las golpean y las maltratan sus maridos, sino también los soldados. He estado con esas mujeres y he visto cuánto sufren en la vida. Y creo que debemos ayudarlas. También hay muchas mujeres desesperadas porque el Gobierno ha matado a sus maridos o los ha metido en la cárcel. Y no porque hayan hecho nada malo, sino sólo porque quieren que su país sea libre.

–¿Y cómo puedes ayudarlas? –le pregunté.

Mi madre dejó de frotarme la cabeza. Le toqué las manos para que siguiera hablando.

–Es muy difícil –me contestó–. No somos magas. Algunas formamos parte de un grupo que intenta ayudar a las mujeres y traer la paz a nuestro país. Eso es lo que tratan de explicar los periódicos que escribimos y distribuimos. Que la gente de nuestro país tiene derecho a elegir su futuro. Y que tenemos que luchar sin violencia contra los rusos salvajes que quieren que seamos sus esclavos.

Yo estaba intrigada. En las películas que había visto en el Cinema Barikote las pocas veces que mis padres me llevaban al cine, los policías luchaban contra los malos con armas de fuego y solían ganar. Creía que era fácil resolver los problemas con un arma de fuego, y que para ser una heroína en el mundo real había que tener un arma, como en las películas.

Mientras mi madre me hacía dos coletas y las ataba con cintas de colores, la oí pronunciar por primera vez el nombre de la RAWA, la Asociación Revolucionaria de Mujeres de Afganistán.

–La creó unos años antes de que tú nacieras un grupo de profesoras, estudiantes e intelectuales. Yo estudiaba entonces en la universidad, pero dejé de ir a clase porque este trabajo era mucho más importante. ¿Te acuerdas de aquellos papeles que llevabas en la mochila? Bueno, pues eran de la asociación. Eran documentos secretos que denunciaban a los invasores rusos y explicaban a la gente que tenía que oponerse a ellos.

–Pero mamá, ¿qué podía haberte pasado? Tengo miedo de que te pase algo.

Me acarició la cabeza.

–No tengas miedo, no es peligroso. No estoy sola, y hay mujeres que hacen más que yo. ¿Cómo voy a quedarme en casa cruzada de brazos? Si nosotras no ayudamos a las mujeres que sufren, no lo hará nadie.

Me explicó luego historias de gente que había luchado contra el fascismo, el racismo y otros males en distintos países del mundo. Me habló de Malalai, una muchacha afgana que había luchado contra los británicos cuando enviaron su ejército a invadir mi país. En julio de 1880, durante un combate terrible en el campo de batalla de Maiwand, el fuego enemigo alcanzó y derribó al soldado que llevaba la bandera nacional afgana. Malalai corrió a su lado, enarboló la bandera y declamó un poema:

> Con una gota de sangre de mi amado
> [(derramada en defensa de la patria)
> me pintaré un lunar en la cara
> que avergüence a la rosa del jardín.
> Te juro, amor, que si regresas vivo de la batalla de Maiwand
> vivirás avergonzado el resto de tus días.

Sus palabras siguen dando valor todavía hoy a los combatientes afganos.

Mi madre me explicó que mi padre también participaba en la lucha contra los rusos y el fundamentalismo musulmán. Él no pertenecía a la Asociación Revolucionaria de Mujeres de Afganistán (que está integrada exclusivamente por mujeres), pero formaba parte de otra organización clandestina. Nunca me dijeron cuál y él siempre se negó a explicarme lo que hacía. No era muy hablador, y si le preguntabas cómo había pasado el día, se encerraba aún más en su mutismo. «Voy a ver a un amigo», solía decir; eso era todo. No me habló nunca de sus ideas.

Era ya muy tarde cuando mi madre me mandó irme a la cama aquel día.

–Pide a la abuela mañana que te hable de su matrimonio –me dijo, antes de que me quedara dormida.

Sin embargo, mi madre tenía otros planes para mí al día siguiente por la mañana. Así que tuve que esperar para poder preguntarle a la abuela por su matrimonio. Mi madre quería que la acompañase al *hammam* (los baños de vapor). Como no me dejaban salir casi nunca de casa, siempre estaba deseando hacerlo, aunque no me gustaba que mamá me frotara la piel hasta hacerme daño. Cuando era más pequeña solíamos ir una o dos veces al mes, porque cuando hacía frío, en casa no podíamos lavarnos bien al no tener calefacción. Pero ya hacía tiempo que íbamos menos.

Mi madre me preparó la mochila y nos fuimos. En el *hammam* había una zona pública, donde las mujeres se sentaban y conversaban, se lavaban unas a otras o se quedaban sentadas completamente inmóviles, pero a mí no me gustaba estar allí porque me azoraba que me vieran desnuda los extraños.

Mi madre pagaba por un cuartito independiente. Yo lo prefería porque allí hacía más calor que en la zona pública. Nos desnudamos y guardamos la ropa en bolsas de plástico para que no se humedeciera, y ella se sentó en un taburete. Me echó agua por encima y me frotó bien con un paño áspero, tan fuerte que le pedí a gritos que parara.

–Tengo la piel en carne viva, no puedo soportarlo.

Pero ella me enseñó la suciedad que me había sacado y me dijo que todavía me quedaba mucha más que limpiarme.

Había un pasillo fuera y mientras yo me quedaba sentada en el cuarto con el vapor, mamá salía de vez en cuando cubierta con una toalla y hablaba allí con otras mujeres.

Me sentía tan agotada después de la visita al *hammam* que al llegar a casa no presté atención cuando oí que la abuela decía a mi madre:

–Debes tener cuidado. Las cosas se están poniendo cada vez más peligrosas.

Estaba rendida. Dormí tres horas seguidas. No entendía por qué les gustaba tanto a las mujeres ir al *hammam*.

Mucho tiempo después supe que mi madre lo utilizaba como lugar de encuentro con sus compañeras de la asociación y para pasarles documentos, algo que me había ocultado incluso a mí. Los baños eran uno de los pocos lugares públicos en que podían encontrarse discretamente las mujeres. Y a nadie se le habría ocurrido registrar la mochila de una niña en los baños.

No pude hablar con la abuela hasta por la tarde. Mientras me preparaba *helvas* con harina y azúcar (la casa se llenaba de olor a azúcar quemado y a mí me encantaba ayudarla a sujetar la tetera grande encima de la mezcla para que asentase bien), me contó la historia de su matrimonio arreglado y de los sufrimientos que le había causado. Se refería a su difunto marido como «tu abuelo», nunca decía «mi marido». Yo no le había conocido. Murió antes de que yo naciera.

–Mi padre (que era el mulá de una mezquita de Kabul) llegó un día y me dijo: «Tienes que casarte con este hombre». Yo sólo tenía trece años y no le había visto nunca. Mi padre nunca me explicó dónde había conocido a tu abuelo. Tal vez entablaron relación en la mezquita. Creo que lo eligió porque tenía más dinero que la mayoría de la gente. Pero no era rico. No me explicaron nada de él y la primera vez que lo vi fue el día de la boda.

Ni siquiera en la fiesta de compromiso permitieron a la abuela ver a su prometido. La familia del novio le llevó regalos y dulces. Pero los hombres y las mujeres no se mezclaban en las fiestas, se reunían en distintas habitaciones. La norma era que comieran primero los hombres. Cuando ellos terminaban, las mujeres tenían que recogerlo todo y lavar los platos. Y solamente entonces les estaba permitido comer lo que hubieran dejado los hombres.

La abuela vio por primera vez a su prometido dos meses después. Supo entonces que tenía doce años más que ella. Él fue amable con ella la noche de bodas. Era un hombre apuesto y parecía bueno. Ella dio a luz tres veces en los cuatro años siguientes.

Al final, resultó que era un hombre tradicional, muy estricto y muy egoísta. Y la trataba muy mal. La abuela me dijo que él insistía en que la comida fuese buena y cara. Quería un huevo frito y un vaso de leche todas las mañanas para desayunar. Pero nunca se paraba a pensar que era el único de la familia que tomaba aquel desayuno, y que la abuela sólo tomaba un poco de pan con té. Tampoco pensaba en los hijos, ni le importaba que necesitaran proteínas y vitaminas para crecer como es debido.

La abuela me contó también que su marido la golpeaba. Le pregunté por qué. Supuse que habría hecho algo mal y que la habría castigado, lo mismo que pegaban a los niños por cometer errores.

Ella movió la cabeza.

–No, era diferente. Tu abuelo era cruel. Llegaba a casa con una docena de amigos y me ordenaba que preparara comida inmediatamente. Y tenía que ser un banquete, con platos exquisitos. Una vez le dije: «Estoy demasiado cansada. Soy tu criada, pero hasta los criados son seres humanos. No tengo fuerzas para hacer lo que me pides. Y además, no tenemos platos para todos». Se lo dije delante de sus amigos y fue a buscar las botas, unas botas grandes que se ponía para andar por la nieve, y me golpeó con ellas. Ésa fue la primera vez que me pegó delante de sus amigos.

–¿Y ellos no hicieron nada? –le pregunté.

–No, nada. Les parecía normal. También ellos golpeaban a sus mujeres y nadie tenía derecho a defenderlas. Golpeaban a sus mujeres incluso cuando estaban embarazadas. Cuando tu abuelo acabó de pegarme con las botas aquel día, me mandó que fuera a pedir platos prestados a las vecinas y que preparase la comida para él y para sus amigos. Y por la tarde, cuando ellos se marcharon, me dio otra paliza. No paraba de gritarme: «¿Cómo se te ocurre decirme que no tenemos platos delante de mis amigos?». Aquella noche, cuando me desnudé, vi que tenía todo el cuerpo lleno de cardenales.

–¿Y no pediste ayuda a tu padre, el mulá?

–Fui a verle, sí, unas cuantas veces, pero siempre me decía que tenía que aguantarlo.

–Entonces tenías tú la culpa por quedarte con él. Podías haberte marchado de casa y no lo hiciste.

–No era tan fácil como crees, hija. Si me hubiese escapado, me habría deshonrado. El marido es el protector de su esposa y si me hubiera divorciado me habría quedado indefensa. Y además, seguía amándole y respetándole a pesar de las palizas.

–Pero debes estar contenta de que se muriera –le dije.

–No digas esas cosas, hija. Lamento mucho que muriera. Pero Alá lo llamó y estoy segura de que fue a un buen lugar.

La abuela hablaba con frecuencia de Alá, pero nunca intentó inculcarme su devoción. Sólo me decía que Alá podía ayudarme a resolver cualquier problema en la vida. Ella ayunaba durante el Ramadán, pero me decía que eso no era para los niños. Rezaba cinco veces al día, pero decía que para ser un buen musulmán había que hacer algo más que rezar. Que había que ser bueno y amable con los demás, y que eso, añadía, era bastante difícil.

–Ayudar a los pobres vale mucho más que todas las oraciones del mundo. Y, en cualquier caso, Alá sabe perfectamente si eres buen musulmán o no –me dijo.

Lo único que me exigió fue que no pasara junto a la alfombrilla de rezos cuando estaba orando si no había un cojín u otra cosa entre ambas. Eso era pecado.

Siempre que hablábamos de su marido me pedía encarecidamente que aprendiera de su experiencia. Yo a veces oía hablar a las ancianas de los maridos que pegaban a sus mujeres, y decían cosas como: «Tienen derecho a hacerlo, y hay que aceptarlo», o: «Es nuestro destino y tenemos que inclinar la cabeza». La abuela no soportaba esos comentarios.

–Las cosas eran muy distintas para las mujeres de mi generación. Pero tú no debes tolerar nunca lo que aguanté yo. No era humano. Lo reconozco, cometí un error al soportarlo. Tienes que estudiar y prepararte bien. No tengas nunca miedo a expresar tus opiniones delante de los hombres. No permitas que te dominen. Y el hombre al que elijas por esposo ha de ser bien educado, no debe ser un ignorante y tiene que prometer que te respetará como mujer.

A partir de entonces, sólo tuve un deseo: comprender los libros que leía mi madre y estudiar para poder seguir sus pasos. Antes, me aburrían las conversaciones de mis padres sobre política. Entonces, quería que me lo explicaran todo. Me contaron que el KGB y el KHAD (el servicio secreto afgano) estaban deteniendo y torturando a miles de personas.

Mis padres se burlaban del régimen que habían instaurado los rusos en nuestro país. Había un dicho popular, según el cual, cuando llovía en Rusia, el régimen de Kabul tenía que abrir el paraguas. Ambos siguieron diciéndome que incluso yo podría hacer algo por Afganistán más adelante. No teníamos muy buena opinión de un primo lejano nuestro que había emigrado a Canadá para estudiar allí.

En 1986, el nuevo dirigente soviético Mijaíl Gorbachov dijo que Afganistán era «una herida abierta» y decidió que sus tropas debían empezar a planear la retirada. No podía permitirse seguir pagando el coste económico y humano de la guerra que libraba su país para mantener la influencia en un vecino estratégicamente importante. Mis padres tenían sus dudas. No creían que la retirada fuera a producirse enseguida, y me explicaron que el principal problema cuando se retiraran los rusos sería garantizar un buen futuro al país. Los rusos confiaban en que sus partidarios siguieran en el poder cuando ellos se marcharan. Gorbachov instaló como presidente a Mohamed Najibulá tres meses después de su discurso sobre la «herida abierta».

Yo me sentía más orgullosa que nunca de llevar los papeles en la mochila y apretaba con más fuerza la mano a mi madre. Poco a poco, empecé a hacer lo mismo para sus amigas, porque las patrullas rusas no se fijaban en una niña. Aunque los soldados me hubiesen registrado la mochila y hubieran encontrado los papeles, no me habría pasado nada grave. Yo no pensaba en lo que podría haberle pasado a mi madre.

Aprendí a mentir cuando los otros niños de la calle me preguntaban dónde estaba mi madre. Era sólo una mentirijilla. Les decía que tenía trabajo que hacer y que no sabía en qué trabajaba. Únicamente podía ser sincera con los hijos de las amigas de mi madre, que pertenecían también a la asociación y que a veces iban a visitarnos. Niños que, como yo, se quejaban de que sus madres no estaban nunca en casa.

Ya no le preguntaba a mi madre por qué no pasaba más tiempo conmigo. Sabía que sus ausencias no significaban que no me quisiera y no me sentía nunca celosa de su trabajo. Acabé comprendiendo que si tuviera que elegir entre el trabajo y yo, elegiría el trabajo. De eso no tenía la menor duda, y estaba orgullosa de que fuera así.

Cuando recuerdo la época en que mi madre me hablaba más de su trabajo, me parece el final de mi infancia. Pero no me entristece. No me gustaba ser pequeña. No tenía sentido. Quería crecer deprisa para poder hacer algo útil. Creo que mi madre deseaba que yo tuviese un objetivo en la vida, y tal vez pensara también que, como su vida corría peligro, yo debía comprender lo que estaba haciendo.

Mi madre nunca me confesó que su trabajo era peligroso.

Cinco

Los rusos se retiraron de Afganistán en febrero de 1989, cuando yo tenía once años. Fue el final de nueve años de ocupación, y se produjo tres años después de que Gorbachov hablara de la «herida abierta». Uno de los imperios más grandes del mundo había sido humillado, pese a haber desplegado en total más de seiscientos mil soldados durante esos años. Afganistán había perdido más de un millón de vidas, y más de seis millones de afganos se habían visto obligados a huir del país: la población de refugiados más numerosa del mundo. Sabíamos que la herida seguiría abierta, porque los rusos dejaron atrás las minas que habían enterrado en nuestro suelo.

El período que siguió a la retirada de los rusos no se caracterizó precisamente por la alegría y la paz. Yo sabía que no había ninguna posibilidad de que empezara a ir al colegio pronto. Los caudillos fundamentalistas afganos lucharon contra el régimen de Najibulá, sembrando la muerte en la ciudad de Jalalabad. Meses después, se volvieron contra Kabul y al poco tiempo estaban lanzando misiles a la capital incluso con más intensidad que cuando se encontraba en manos de los rusos. La abuela decía que al ritmo que estaban bombardeando Kabul, quedaría poco de ella para que los vencedores disfrutasen.

Los bombardeos se intensificaron en los primeros meses de 1991. Una mañana, vi que la abuela estaba sacando cajas de ropa, cometas rotas y montones de cosas del sótano. No me pareció nada especial, pero cuando empezaron a bombardear la ciudad de nuevo me mandaron bajar al sótano y tardamos horas en poder salir de allí. Debí de pasar muchísimo tiempo en aquellos dos cuartos húmedos y oscuros.

La entrada al sótano estaba en el jardín. Era un simple agujero en el suelo, con unos escalones para bajar. Como decía la abuela, podría haber caído una bomba justo en el agujero en cualquier momento, y la tabla que lo tapaba cuando bajábamos no hubiese servido de nada.

La abuela había sacado del sótano todas las cosas inútiles que hacía años que no usábamos, y procuramos que el refugio, como lo llamábamos, fuera lo más acogedor posible. Colocamos alfombras, cojines y los colchones *toshak* para dormir en ellos. Pero de todos modos era muy húmedo y muy frío, porque no teníamos ninguna estufa para calentarnos. Y muy oscuro. Pintamos las paredes, pero enseguida se llenaron de manchas de humedad, y hasta los colchones empezaron a oler a húmedo.

Era repugnante. Yo no paraba de toser por la humedad. No comprendía por qué no me dejaban ir a dormir cómodamente en mi cama, que estaba esperándome arriba. La abuela también se quejaba. Protestaba y decía que le costaba andar subiendo y bajando las escaleras. Estaba cada vez peor del asma y del reúma. Cuanto más tiempo se veía obligada a permanecer en el refugio, más refunfuñaba y más discutía con mi madre.

En verano, hacía un calor sofocante en el refugio. Antes, cuando hacía demasiado calor en la casa, sacábamos las camas al patio y dormíamos bajo un gran mosquitero. Pero entonces nos vimos obligados a permanecer bajo tierra sin más aire que el que se filtraba por las rendijas de la tabla que había colocado mi padre en la abertura.

Yo aborrecía aquellos nueve escalones de bajada al refugio. No podía salir, no podía ver el sol, no podía saber si era de día o de noche. Teníamos dos bombillas, pero la electricidad fallaba a menudo y entonces nos sentábamos alrededor de una vela. A veces teníamos que permanecer allí varios días seguidos y sólo veía el cielo cuando salía para ir al retrete, que quedaba detrás de la casa; pero eso era sólo un momento, porque siempre tenía que ir y volver corriendo.

Cuando había suficiente luz, intentaba leer, o dibujaba fusiles, soldados o tanques. Y cuando nos quedábamos a oscuras, pedía a la abuela que me contara cuentos. Ayudaba a preparar los pocos alimentos que podíamos conseguir y muchas veces pelaba patatas a la luz de la vela. Por la noche, si había luz, poníamos la radio que habíamos bajado de casa y escuchábamos la emisión en persa de la BBC o canciones afganas. No teníamos televisor.

Unos vecinos nos contaron un día que había caído una bomba en el refugio de una familia y que habían muerto todos (los padres y sus seis hijos). Nos dijeron que había ocurrido lejos de nuestra calle. Después de eso, yo no podía entender por qué pasábamos tanto tiempo bajo tierra.

–No tiene sentido –le dije a la abuela–. ¿Qué más da que estemos en el refugio o en casa? Si tenemos que morir, moriremos igual. Así que vámonos arriba.

Yo creía que estaría de acuerdo conmigo, porque no había parado de protestar. Pero entonces se limitó a decir que había menos probabilidades de que nos pasara algo si nos quedábamos en el refugio. Así que nos quedamos.

Me resultaba cada vez más difícil conciliar el sueño sabiendo que una familia entera había sido aniquilada súbitamente. Me caía de sueño, pero no quería dormirme. Me aferraba a la estúpida idea de que si estaba despierta cuando cayese la bomba podría escapar corriendo. Estaba convencida de que cuanto más pensase en escapar menos probable era que cayera la bomba. Y que si cerraba los ojos y me dormía, cuando volviera a abrirlos no habría casa ni padres ni abuela ni nada. Todo habría desaparecido.

Veintiocho de abril de 1992. El día aciago que no puedo olvidar. Estaba desayunando con la abuela cuando la radio anunció que los muyahidines fundamentalistas, unidos por una vez, habían tomado el poder en Kabul. En vez de alegrarse de que hubieran derrotado a los rusos, la abuela me dijo que había llegado a mi país un nuevo demonio todavía peor. Existía por entonces un dicho popular: «Líbranos de estos siete asnos y devuélvenos la vaca». Los asnos eran las siete facciones de los muyahidines y la vaca era el gobierno títere.

Los cañones de las montañas habían enmudecido. Pero yo estaba encerrada de nuevo. Antes había permanecido confinada en el refugio. Y luego estaba confinada en casa. Sólo me dejaban ir de compras o a ver a mi amiga Jadiya una vez cada quince días, y nunca sola ni durante mucho tiempo. Me dijeron que me mantuviese lo más alejada posible del puesto de control de la vía principal que había al final de nuestra calle. Los soldados tenían mirada de loco y barbas muy largas. Lo que veía de mi ciudad dividida me llenaba de tristeza. Los grupos étnicos rivales controlaban los distintos barrios. Sólo el polvo de las calles seguía siendo el mismo, aunque había todavía más. Había menos niños en las calles y ya no gritaban ni se reían como antes.

La tienda en que me había ofrecido una chocolatina la mujer soldado rusa había quedado destruida. Sólo quedaba en pie un muro renegrido. Y otro tanto le había pasado al Cinema Barikote, al que solía ir de pequeña. Las bombas habían arrasado barrios enteros. El museo al que solían llevarme mis padres había sido saqueado. Habían robado las esculturas más valiosas.

Vi la universidad que habían construido los rusos y en la que habían estudiado mis padres. Estaba vacía y tenía todos los ventanales rotos y las paredes llenas de agujeros. Los muyahidines habían quemado los libros de la biblioteca y saqueado los modernos laboratorios. Dijeron que como los libros los habían suministrado los rusos, representaban el comunismo y había que quemarlos. El alcohol era igualmente maléfico y los muyahidines aplastaron con un tanque mil botellas para impresionar y atemorizar a la población.

Se veían más burkas que antes en las calles. Parecían cadáveres ambulantes. Muchas mujeres se cubrían con pañolones. Las bellas jóvenes de Kabul ya no llevaban faldas cortas ni se maquillaban. Procuraban parecer viejas y vestían ropa de colores apagados. Incluso yo tenía que vestir de otra forma. La abuela me hizo faldas más largas de las que había llevado nunca. Me explicó que los fundamentalistas que habían tomado el poder golpeaban a las mujeres si no se tapaban bien.

Empezaron a desaparecer las mujeres de los programas de radio y de televisión. Yo pensaba que debía ser muy peligroso para la Asociación Revolucionaria de Mujeres de Afganistán continuar con su tarea.

Siempre me habían hecho varios regalos el día de mi cumpleaños, pero aquel año sólo me hicieron uno, una navajita roja que se abría y se cerraba. La abuela me la dio envuelta en un papel, me besó y me dijo:

–Lo siento, hija, pero es lo único que puedo regalarte.

La navaja era suya. Se la había visto siempre. Le pregunté cuándo podría ir al colegio, pero no lo sabía, no podía decírmelo. Por entonces, estaba demasiado débil y enferma para salir.

Ya no veía a las niñas uniformadas camino del colegio. Alguien contó a la abuela que un libro de matemáticas para niños tenía ejercicios espeluznantes. Uno de ellos rezaba así: «Si hay diez judíos y matas cinco, ¿cuántos quedan?». Y otro: «Si tienes diez balas y alguien te regala otras cinco, ¿cuántas balas tendrás?».

Por las mañanas, en las calles próximas a la nuestra, veía grupos de muchachos que iban a la madraza o escuela religiosa, donde, según me contó la abuela, se sentaban con las piernas cruzadas y leían el Corán durante horas interminables, inclinándose hacia atrás y hacia delante como árboles agitados por el viento. Los chicos tenían que aprender de memoria buena parte del Corán, y estudiaban la vida y la doctrina del profeta Mahoma y la *sharia* o ley islámica.

La abuela conocía a una mujer que había enviado a su hijo a una de aquellas escuelas y luego se quejaba de que se había convertido en un extraño casi de la noche a la mañana y se negaba a obedecerla y a demostrarle cariño o afecto. Según la abuela, algunos mulás de aquellas escuelas cometían delitos sexuales abominables e indescriptibles contra los niños. Era un pecado, decía, y lo cometían en nombre del Corán. Yo no podía imaginar que el término talibán, que entonces significaba simplemente estudiante o alumno de una madraza, sería famoso a los pocos años en el mundo entero y nos haría retroceder a la edad de piedra, sobre la que yo había leído en los libros.

Pasé días y días sin salir de casa durante los meses siguientes. Mis padres estaban tan ocupados como siempre y me dejaban sola con la abuela. Yo intentaba leer, pero prefería que ella me explicara las atrocidades cometidas por los muyahidines fundamentalistas. Mataban a la gente a tiros en la calle sin ningún motivo, o la gente simplemente desaparecía. Me enteré de que en un puesto de control un comandante de la tribu hazara había formado un montón de ojos humanos en la calle. Se los habían arrancado a hombres de la tribu pastún, que era la mía. Los pastunes empezaron a hacer lo mismo y aquello se había convertido en una competición salvaje. Me acordé de la verdadera historia que me había contado la abuela hacía años del rey pastún que había construido una torre con cabezas de hazaras.

Me enteré de que los guerreros de la facción Hizb-i-Uahdat habían acorralado a muchas mujeres y las habían encerrado en el Cinema Barikote, donde las obligaban a desnudarse y las violaban en grupo todas las noches.

También me contaron la historia de un comandante que golpeaba y torturaba a quienes pasaban por el puesto de control de la carretera principal entre Jalalabad y Kabul, y que violaba a las mujeres. Parece ser que una vez había parado a un anciano y le había preguntado:

–¿Cuánto dinero llevas en el bolsillo?

El anciano le contestó que mil rupias.

–Dámelo –le ordenó el comandante.

–Pero no tengo más, es todo lo que llevo –le dijo el anciano–. Y tengo que ir a Kabul con mi familia. Déjame algo, por favor.

–¿Te niegas a obedecerme? ¡Pues ahora verás lo que es bueno! –vociferó entonces el comandante.

Tiró al anciano al suelo de un empujón, sacó el látigo y le golpeó sin parar riéndose a carcajadas.

Aquel comandante era famoso en todo Afganistán porque tenía un «perro humano». Su perro humano era un hombre salvaje, muy sucio, con el pelo y la barba muy largos y plagados de piojos. Contaban que hacía meses que no se lavaba y el comandante lo tenía atado con una cadena. Cuando le ordenaba: «¡Perro, ven aquí y muerde!», el hombre se acercaba a cuatro patas y mordía brutalmente a la víctima.

Yo imaginaba que aquellos criminales analfabetos tenían sangre en la cara y en las manos cuando los veía en los televisores de las tiendas o en los periódicos.

Me enteré de que los jefes muyahidines victoriosos habían inventado una nueva forma de matar, que llamaban «la danza del cadáver». Los soldados blandían un cuchillo bien afilado, haciendo todo un alarde, y degollaban a la víctima. Luego le echaban aceite hirviendo en la herida para contener la hemorragia y dejaban caer el cuerpo al suelo, donde se agitaba y se estremecía. Eso divertía muchísimo a los muyahidines. Les gustaba tanto el espectáculo, que bailaban hasta que la víctima se quedaba inmóvil.

Un día de 1992, unos soldados pararon a una mujer embarazada que iba a dar a luz al hospital. La obligaron a salir del taxi a punta de pistola. Le dijeron que no habían visto nunca un feto en el útero y que querían saber cómo era. La violaron. Encontraron su cadáver, con el vientre abierto, unos días después. Los muyahidines también disfrutaban dejando ciegas a las personas metiéndoles un cigarrillo encendido en los ojos, o matándolas por el procedimiento de clavarles a martillazos una punta de quince centímetros en la cabeza.

Aquellos hombres sólo querían sembrar el pánico entre la población, y no había nadie a quien poder acudir en busca de ayuda, ni ley, ni justicia ni nada. El nuevo Gobierno institucionalizó la violencia. So pretexto de imponer la ley islámica, decretó castigos que ni siquiera los rusos habían aplicado: amputación de pies y manos, flagelación y lapidación. Liberaron de las cárceles a los presos políticos del régimen anterior y llenaron las celdas con los que se atrevían a criticar a las nuevas autoridades. Torturaban a los nuevos presos y muchos morían víctimas de la tortura. El Gobierno estableció las ejecuciones públicas de los criminales convictos.

Luego empezaron otra vez los bombardeos. Una facción muyahidín bombardeó Kabul en agosto de 1992; murieron casi dos mil personas.

Le dije a la abuela que los muyahidines debían haber salido del zoo de Kabul.

–No –repuso ella–. No los compares con animales. Los animales son inocentes. Nunca hacen las cosas que son capaces de hacer estos hombres.

Seis

Vi por última vez a mi padre una mañana soleada, cuando se inclinó para acariciarme el cabello y darme un beso en la mejilla; se había recortado la barba hacía unos días y me pinchó la cara. Luego se puso el abrigo y los zapatos, que estaban en el patio, junto a la puerta de la calle.

Al principio, me dijeron que se había ido por cuestiones de trabajo y que quizá tardaría unos días en regresar. Transcurrieron los días y mi padre no volvió. Entonces me dijeron que tal vez se demoraría unas semanas. Pero después de un tiempo, ya imaginé, por las lágrimas que veía en los ojos de mi madre y de la abuela, que todo aquello era mentira. Recordé las muchas veces que había deseado que mi padre volviera tarde a casa porque no había hecho los deberes que me había puesto. La espera se prolongó demasiado, y me sentía culpable por las veces que había deseado su ausencia.

Mi madre procuraba esconderse para que no la viera, pero yo siempre me daba cuenta de que había estado llorando. Dejé de dormir con la abuela y compartía la cama de mamá, y la sentía agitarse mientras lloraba cuando creía que me había dormido, ya bien entrada la noche. Yo me hacía la dormida, no quería que supiera que la oía. Y ya no volví a oler su perfume. Había dejado de usarlo.

No nos sentamos a comer juntas durante días. Mi madre y la abuela a veces se olvidaban de darme la comida, y yo iba a la cocina y me servía sola. Eran muy amables la una con la otra, unidas por el conocimiento común que no querían compartir conmigo. No recibíamos ninguna visita. Quizá porque querían protegerme, ningún pariente acudió a la casa. Yo deseaba preguntar a mi madre y a la abuela qué le había pasado a mi padre. ¿Estaba en la cárcel? ¿Había huido de Afganistán? ¿Estaba herido en un hospital? ¿Había muerto? Me parecía que sabía lo que había pasado, pero no estaba segura. Lo que sí sabía, sin embargo, era que no debía hablar de ello. Respetaba la decisión de mi madre y de la abuela de no contarme nada.

Nadie entraba en el estudio de mi padre y los libros permanecían cerrados en los estantes. Yo sabía que no volvería a sentir la mano de mi padre en la mía mientras me ayudaba a guiar una cometa.

Vivíamos del dinero que había heredado la abuela cuando murió su marido. Yo ya no pasaba tanto tiempo en el cuarto de la abuela, porque cuando mi madre se quedaba en casa, no me movía de su lado, para demostrarle que no estaba sola. Ella no tenía paciencia para jugar conmigo. Debía proseguir con su trabajo. Pero empezó a llevarme con ella. La acompañé a algunas reuniones del comité, pero un día cometí el error de contar a una amiga algo que había oído, y a partir de entonces me dejó en casa.

Yo ni siquiera estaba en Kabul cuando desapareció mi madre un tiempo después que mi padre. Había ido a visitar a mi amiga Shaima a una ciudad pequeña que quedaba cerca de Jalalabad. Shaima y su familia se esforzaron por hacerme feliz, pero yo no podía dejar de pensar en mi madre. Me pasaba la noche en vela preocupada por ella. Imaginaba que estaba enferma en la cama y que necesitaba ayuda. Y recordaba que a mi padre nunca le había gustado que pasara mucho tiempo fuera de casa. Shaima y sus padres me pidieron que me quedara más tiempo, pero me marché a los cuatro días, deseosa de regresar a Kabul y de ver a mi madre.

La casa me pareció distinta cuando llegué.

La abuela estaba en la cama. Parecía enferma. Se había envuelto la cabeza en un pañuelo, como hacía siempre que tenía una jaqueca muy fuerte. La miré a los ojos y vi que los tenía enrojecidos. Había estado llorando.

No me dio tiempo a que le preguntara nada. Me indicó por señas que me acercara más, estiró los brazos y me puso las manos en las mejillas. Le ardían las manos. Tenía fiebre. Tiró de mí hacia abajo para poder besarme los ojos, la cabeza y las manos. Luego me estrechó en un abrazo.

–¿Qué va a ser ahora de ti, hija? –la oí decir, con la cabeza hundida en su pecho, cuando empezó a llorar de nuevo.

Me aparté de ella asustada y grité:

–¿Qué ha pasado? ¡Dime lo que ha pasado!

Pero su única respuesta fue llorar más fuerte.

–Tu madre, tu madre –me dijo al fin.

Corrí a mi habitación para estar sola.

La abuela no me contestó cuando le pregunté, el mismo día más tarde, dónde estaba mi madre. Durante los días y las semanas que siguieron, sólo volví a preguntárselo otras dos o tres veces, y en realidad sin esperar nunca una respuesta.

Me encerré en mi habitación. Me negué a ver a los parientes que vinieron a casa. No quería oír sus consabidas frases de condolencia y compasión.

Me acurrucaba en la cama, procurando hacerme lo más pequeña posible o caminaba de un extremo a otro de la habitación como un autómata. Pensaba en los perfumes que seguían en el tocador de mi madre y que no volvería a oler en ella. No sentiría nunca su mano, con el anillo de compromiso, como cuando me frotaba el pelo con aceite.

Tenía la impresión de que lo había perdido todo. Podía imaginar aún las sonrisas de mis padres, y su forma de mirarme con ternura y cariño. Deseaba haber pasado más tiempo, mucho más, mirándoles a los ojos la última vez que los vi. A partir de aquellos días, y todavía hoy, los recuerdos de mi madre y de mi padre –jugando a la gallina ciega o mi padre revisando mis deberes– vuelven a mí como una película y me ayudan a seguir adelante.

Empecé a escribir cartas a las amigas, pero las dejaba a las pocas líneas y rompía el papel. Ponía el casete para escuchar música, pero lo apagaba a los pocos segundos.

Sentía que había querido a mis padres más que a mí misma y pensé en suicidarme. Me habían contado la historia de muchas niñas que se suicidaron cuando perdieron a su familia o después de que las violaran. Me parecía la salida más fácil a mi alcance para librarme de todo: la guerra, los muyahidines, las matanzas, todo. Pero a las pocas horas, me avergonzaba de semejantes pensamientos. Era demasiado joven para renunciar al mundo. Y mis padres lo hubieran desaprobado. El suicidio era un signo de debilidad. Iba en contra de todo lo que me habían enseñado ellos. Sería desaprovecharlo todo.

Sólo accedí a ver a algunas amigas de mi madre de la Asociación Revolucionaria de Mujeres de Afganistán, que fueron a casa, me dijeron algo breve y me dejaron en paz. Ellas no me decían palabras huecas como «Lo sentimos». Me dijeron que, aunque había perdido a mi madre, procurarían ayudarme como lo hubiera hecho ella. Me dijeron que debía considerarme afortunada por contar aún con la abuela y con otras personas como los parientes de mis padres, porque muchas niñas lo habían perdido todo y no había nadie que las ayudara a enterrar a sus madres y a sus padres. Me pidieron que pensara en los que sufrían y sacara fuerzas de mi dolor. Las respetaba por eso. Cuidaron de la abuela y nos llevaron alimentos para las comidas.

Transcurrió mucho tiempo antes de que me enterara de que habían matado a mis padres por orden de los caudillos fundamentalistas muyahidines, como a miles de personas. No puedo decir lo que sé acerca de sus muertes ni cuándo tuvieron lugar, porque sería demasiado arriesgado para mí. Nunca nos entregaron sus cuerpos, y no se celebró nunca ningún funeral por su fallecimiento. La abuela decía que los muyahidines no sólo nos habían despojado de dos vidas, sino también de las dos sepulturas en las que pudiéramos llorarlos. Todavía hoy, no hay ninguna sepultura en la que pueda llorar a mis padres.

Una noche, poco después de su desaparición, juré que los vengaría; no sólo a mis padres, sino a todas las personas a las que habían matado sin que nadie supiera dónde, cómo ni por qué habían muerto. Y no los vengaría empuñando un fusil, sino luchando por la misma causa por la que había luchado mi madre.

–¿Te has enterado? ¡Es lo más espantoso del mundo! –exclamó Jadiya al entrar corriendo en mi casa.

Llevaba un pañuelo en la cabeza y parecía aterrorizada.

Era el verano de 1992. Los muyahidines habían tomado Kabul hacía dos meses. Jadiya me llevó a mi habitación sin pararse a quitarse el pañuelo y cerró la puerta. Me contó lo ocurrido de forma entrecortada, sin parar de caminar de un lado a otro de la habitación, incapaz de estarse quieta un momento. Un comandante muyahidín, escoltado por hombres armados, había irrumpido en casa de una hermosa joven de dieciocho años llamada Naheed la noche antes. Naheed era hija de un tendero y vivía en un bloque de pisos de Mikrorayon, un barrio más rico que el nuestro, que quedaba en la zona oriental de Kabul. Era probable que les hubiera hablado de ella alguna de las viejas mendigas que trabajaban para ellos como espías.

Exigieron al padre de Naheed que les entregara a su hija para casarla con un soldado. El padre se negó a hacerlo.

–Marchaos de esta casa –les dijo–. ¿Cómo os atrevéis a presentaros aquí de este modo en plena noche? Que el soldado mande a sus padres a hablar conmigo y si mi hija está de acuerdo os la entregaré.

Pero los soldados se negaron a hacer lo que les pedía e intentaron llevarse a la joven por la fuerza. Ella consiguió de algún modo correr al balcón del piso de la cuarta planta y se arrojó al vacío.

Jadiya hizo una pausa para mirarme.

–¿Lo comprendes? –me preguntó–. Querían llevársela por la fuerza y tuvo que matarse.

Me di cuenta de que no se atrevía a emplear la palabra violación.

–¿Sabes lo que significa? –añadió–. Tendremos que ponernos el burka. No podemos volver a salir. Es demasiado peligroso. Y ni siquiera en casa estamos a salvo. Los muyahidines pueden echar abajo la puerta en cualquier momento con un kalashnikov y raptarnos.

Yo ya no podía más. Había escuchado historias tan dolorosas y había soportado tanto sufrimiento que sólo pude contestarle:

–¿Por qué me cuentas todo eso? ¿Qué puedo hacer yo?

–¿A quién voy a contárselo? ¿Crees que puedo salir a pregonarlo a la calle? –me respondió ella. Luego me dio un abrazo fuerte y se marchó, añadiendo sólo–: Tengo que irme a casa.

Encontré a la abuela en la cocina, preparando arroz, y le expliqué todo lo que me había contado Jadiya. Se le llenaron los ojos de lágrimas y empezó a rezar en voz alta. Nunca la había visto rezar con tanto fervor. Cuando terminó, me dijo:

–Eso significa que estamos cerca del Día del Juicio.

–¿Qué es el Día del Juicio? –le pregunté, pronunciando con torpeza las palabras, que no había oído nunca.

–Es el día en que todos tienen que presentarse ante Alá y tienes que decirle todas las cosas buenas y todas las cosas malas que has hecho en la vida. Y luego Él decide si vas al cielo o al infierno. En el cielo hay ríos de leche y montones de árboles frutales y puedes comer lo que quieras. Ni siquiera tienes que pedirlo. Sencillamente piensas en algo que te apetezca y aparece de inmediato.

–¿Y qué pasa en el infierno?

–Hay un fuego enorme y dos clases de pena: o te quemas y mueres inmediatamente, o ardes durante mucho, muchísimo tiempo. Y también obligan a los malos a soportar grandes tormentos. A los malos sólo les dan una tostada muy pequeña para comer y nada de agua.

Naheed se había suicidado y el suicidio se consideraba un pecado, pero la abuela me explicó que seguramente la perdonarían, ya que lo había hecho porque estaba amenazada.

La abuela me dijo que para ir al cielo tenía que ser honrada y bondadosa, ayudar a los pobres y respetar a mis mayores. Pero yo nunca comprendía por qué decía que era un castigo por nuestros pecados siempre que se enteraba de una nueva tragedia. Me hacía sentir que había hecho algo malo, que toda mi familia y mis vecinos eran culpables de algo, aunque no sabía de qué. Se lo pregunté a todos, y a mi amiga Jadiya. Pero nadie sabía la respuesta.

Unas amigas de mi madre de la RAWA me llevaron a ver a Naheed al día siguiente del suicidio. El padre había depositado el cuerpo de su hija sobre la cama poco después de su muerte. Quería que sus amigos le ayudaran a llevarlo por las calles para que todo el mundo viera lo que le habían hecho los muyahidines, pero unos soldados se lo impidieron. Había mucha gente alrededor de su cuerpo cuando llegamos, pero me dejaron acercarme a ella. Vi que estaba envuelta en una sábana blanca. Tenía la cara ovalada, los pómulos altos y la tez casi amarilla. No había rastro de sangre. Alguien le había atado una cinta alrededor de la cabeza y bajo la mandíbula para mantenerle cerrada su pequeña boca.

No la toqué ni la besé, pero le hablé en voz baja. Le prometí que llevaría a los responsables de su muerte ante la justicia y que me aseguraría de que los castigaran por la atrocidad que habían cometido. No fue una promesa vana, sabía que la cumpliría algún día.

Ni siquiera los rusos nos habían hecho algo así. Nos contaron que un hombre, que había visto a los soldados muyahidines llegar a su casa para llevarse a su hija, la había matado antes de que pudieran hacerlo. Imaginé cuál sería mi destino si los muyahidines llegaban a buscarme durante la noche, con sus caras horrendas.

La violencia a que sometían a las mujeres de Kabul los muyahidines y todas las historias de las torturas y las matanzas afectaron muchísimo a la abuela. La idea de que pudieran clavar una punta en el cráneo a un ser humano en nombre de su fe musulmana y que una joven como Naheed hubiera muerto de aquel modo la había destrozado.

Ya no era la misma abuela que yo había conocido en mi infancia. La oía llorar muchas veces, y cuando le secaba los ojos, me parecía que cada vez tenía más arrugas alrededor.

Se adelgazó y cuando la veía comer como un pájaro y tomar sólo un vaso de leche por la noche, le decía que tenía que comer más porque si no le sentaría mal la medicina que tomaba.

–No me apetece nada ahora. Ya comeré luego. Más tarde –me contestaba.

Yo procuraba consolarla.

–No llores. ¿Por qué lloras? Lo único que consigues así es que me ponga más triste –le decía.

Al cabo de un tiempo, dejó de llorar y me dijo:

–Si tú estás contenta, yo soy feliz. Eso es lo único que importa.

Se levantó, haciendo una mueca por el dolor de huesos, y fue despacio hasta la cocina, donde la oí trajinar un rato. Cuando volvió a mi lado, llevaba en la mano una sartén humeante con semillas tostadas que al parecer había estado preparando. Dio vueltas a mi alrededor susurrando una plegaria para protegerme del mal mientras las volutas de humo aromático me envolvían. La oí decir:

–Bendícela, protégela, sálvala.

El Corán, que solía estar en la mesa de la abuela casi todo el día, estaba ahora abierto en la alfombra casi siempre, y la abuela rezaba de la mañana a la noche. Sus creencias cambiaron. Lo único que me decía era que sí, que creía en Alá, aunque yo debía contar también con mi propia fuerza para conseguir las cosas.

Pero de noche, la oía rezar con voz cargada de lástima y amargura:

–¡Oh, protector del mundo entero!, soy musulmana, Afganistán es musulmán, y ahora han llegado estos criminales para matarnos. ¿Qué pecado hemos cometido, Alá, para que permitas que suceda esto? Ayúdanos, por favor.

Yo siempre había aceptado el juicio de la abuela cuando moría un pariente o un vecino: «Está en manos de Alá. Él ha llamado a su lado a esta persona por alguna razón que no conocemos. Todo es para bien».

Pero entonces, cuando incluso ella dudaba de su Dios, yo ya no sabía qué creer.

Tercera parte

UN NOMBRE NUEVO POR LA LIBERTAD

Siete

Me avisaron con el tiempo justo de prepararme para el exilio. Tenía catorce años en 1992. La abuela llevaba semanas hablando con las mujeres de la RAWA, que habían ido a verla a casa y a explicarle el peligro que corríamos en Kabul y que era necesario que yo recibiese una buena educación. Los parientes de mi madre y de mi padre se habían ofrecido a hacerse cargo de mí, pero yo quería quedarme con la abuela y haría lo que decidiera ella.

La abuela quería que nos marcháramos de Afganistán porque, sobre todo desde la muerte de Naheed, temía que en cualquier momento irrumpiera en casa un muyahidín y me secuestrara. También se daba cuenta de que ella estaba demasiado enferma para cuidarme.

No me consultó sus planes. Se limitó a pedirme que me sentara frente a ella en el suelo y a decirme lo que debía hacer. Me explicó que saldríamos al día siguiente por la mañana y que cruzaríamos la frontera hacia una población paquistaní, para que yo pudiera empezar a ir al colegio.

La abuela lamentaba tener que dejar Kabul. Allí estaba su vida, y también sus hijos, aunque a ellos sólo los veía de vez en cuando.

–Si fuera por mí, no me marcharía, a pesar de todo lo que ha pasado; todavía me gusta vivir aquí. Pero tengo que pensar en tu seguridad y en tu futuro –me dijo.

La RAWA le había ofrecido la oportunidad de salir del país, y ella comprendió que tenía que aprovecharla.

No discutí. Sabía instintivamente que lo que ella decidiese por mí estaría bien. Me limité a preguntarle:

–¿A qué clase de colegio iré?

–No lo sé. Pero será bueno para ti. Iniciaremos una nueva vida en

Pakistán –me contestó–. Y si alguien te pregunta mañana qué estás haciendo, limítate a decir que vas de viaje a ver a tus parientes.

La abuela, que solía moverse siempre muy despacio por la casa, se puso a trabajar a un ritmo vertiginoso para ella. Enrolló las alfombras y envolvió los objetos en papel para que no se ensuciasen.

Yo quería llevarme muchas cosas: mis libros, mis juguetes, todo lo que me gustaba de mi habitación. Pero ella me dijo que teníamos mucha prisa y que sólo podíamos llevarnos lo imprescindible. Preparó dos bolsas con mis cosas, casi todo ropa de verano y de invierno, porque no sabíamos cuánto tiempo estaríamos fuera. Aparte de la ropa, sólo me permitió llevar mi muñeca Mujda y algunos libros de poesía. Tuve que dejar en casa un oso de peluche grande que me había regalado mi padre hacía años.

Aquella noche di vueltas y vueltas mientras intentaba conciliar el sueño en el cuarto de la abuela, preguntándome cuándo volvería a pasar una noche allí. Me iba a un país donde no conocía a nadie, y ni siquiera hablaba su idioma. También yo lamentaba tener que irme, pero podría soportarlo si estaba conmigo la abuela, que era la única persona que me quedaba en el mundo. Y estaba dispuesta a ir al colegio, si ése era el único medio que tenía de continuar la tarea de mi madre. Le había repetido una y otra vez a la abuela que quería empezar a trabajar inmediatamente, pero ella siempre me contestaba:

–Primero terminas tus estudios. Luego podrás pensar en el trabajo.

Las dudas y las preguntas giraban sin parar en mi mente, y sólo conseguí dormir tres horas.

Nos levantamos al amanecer, con la primera llamada del muecín. La abuela rezó sus oraciones, envolvió con mucho cuidado el Corán en un paño y lo guardó en la bolsa. Preparó también galletas y agua para el viaje.

La única vecina de quien me despedí fue mi amiga Jadiya. No tenía ningún regalo que darle ni tiempo para comprarle algo. Le expliqué adónde íbamos.

–Tu familia y tú deberíais marcharos también –le dije–. Nadie está seguro aquí.

–Mis padres no hacen más que decir que quieren marcharse muy pronto –repuso ella–. Pero no tengo la menor idea de dónde acabaremos.

Una mujer de la RAWA llamó a la puerta a las nueve. Llevaba un pañuelo grande que le cubría toda la cara menos los ojos.

Al verla allí plantada, recordé el susto que me había dado mi madre cuando la vi en la puerta con su burka amarillo y sucio.

–Un coche os está esperando al final de la calle –le dijo a la abuela–. El conductor es un buen hombre que trabaja para nosotras. Podéis confiar en él.

Nos esperó a la puerta y yo seguí a la abuela, que recorrió toda la casa, una habitación tras otra, comprobando las ventanas, cerrando las puertas: mi habitación, el estudio de mi padre, el dormitorio de mis padres. La abuela estaba a punto de echarse a llorar y yo no sabía cómo consolarla. Sólo podía pensar que debía mirar detenidamente cada habitación. Las dos guardamos silencio.

Caminé luego a su lado con una bolsa pesada en cada mano hasta el final de la calle y subí al coche. También me despedí de las montañas que rodean Kabul. Eran mis amigas. «No será por mucho tiempo –me dije–. Estaré aquí de nuevo dentro de unos meses.»

Me quedé mirando el enorme letrero: «Colegio Rural de Niñas». Era un edificio grande de una sola planta, pintado de blanco, azul y verde. Yo era adolescente y aquél era mi primer día de colegio.

La abuela y yo estábamos agotadas. Habíamos viajado durante dos días y dos noches. Cruzamos la frontera afgana con el corazón en un puño cada vez que teníamos que pasar un puesto de control de carretera, hasta Peshawar, en Pakistán, donde tomamos un tren hasta la ciudad de Quetta; nos habían dicho que allí estaría esperándonos en la estación otro conductor. La abuela no me dijo que tendría que vivir en el colegio de Quetta hasta que cruzamos la frontera; que tendría que quedarme allí día y noche, y que ella viviría en otra parte de la población. Protesté y lloré, pero todo fue en vano. Le dije que nunca habría aceptado marcharme de Kabul si me hubiese explicado antes de salir de casa que íbamos a separarnos.

Las verjas del colegio se abrieron y entramos al patio. Acudió a recibirnos un grupo de profesoras, y se arremolinaron a nuestro alrededor muchas niñas de distintas edades, que vestían uniforme azul y blanco y que me miraban fijamente.

Yo estaba a punto de echarme a llorar, pero procuré controlarme, porque hubiera sido vergonzoso que las otras niñas me viesen hacerlo.

–¿Adónde se va la abuela? –pregunté–. Yo me iré con ella. Abuela, no quiero separarme de ti.

Una de las profesoras, una mujer alta y distinguida, de cuello largo, se acercó a la abuela y le besó la mano. Vestía camisa larga hasta la rodilla y pantalones holgados *(shalwar kamis)*, como muchas mujeres paquistaníes. Hasta un tiempo después no supe que las profesoras, que eran todas afganas, vestían de aquel modo para pasar inadvertidas en la calle.

La abuela le acarició las mejillas y le besó la parte superior de la cabeza. Era una señal de respeto propia de las ancianas.

La profesora me dijo que se llamaba Hameda. Y me sonrió.

–No te preocupes, ya verás como te gusta el colegio. Te quedarás con nosotras y te prometemos que pronto verás a tu abuela.

–Vendrás a verme el viernes, el día de descanso –me prometió la abuela.

Hameda era muy amable; no me obligó a separarme de la abuela por la fuerza. Yo no esperaba que una profesora de un colegio fuera tan buena conmigo. Siempre había oído decir que eran muy estrictas. Hameda me presentó a algunas alumnas, aunque le pedí que no lo hiciese. Les dijo que tenían que ayudarme en mis estudios. Me sentía demasiado triste y confusa para hablar con ellas y para recordar sus nombres.

Aquella mañana no fui a clase con las otras alumnas. Insistí en que Hameda nos permitiese a la abuela y a mí sentarnos primero en un aula a solas mientras yo miraba algunos de los libros que me había dado. Pero al cabo de dos horas me acerqué a ella y le dije:

–Está bien, abuela, puedes dejarme aquí.

A la hora de comer, tomamos alubias hervidas, huevos fritos y arroz. Yo estaba acostumbrada a comer sola con la abuela y me pareció extraño que allí todas las alumnas se sentaran juntas en la alfombra. Las profesoras se sentaron también con nosotras y comieron lo mismo. Nos trataban a todas igual.

Algunas niñas se acercaron a mí después de comer y me pidieron que jugara con ellas, pero les dije que aquel día no.

Encontré un sitio en el patio donde podía sentarme en una piedra grande y estar sola, lo más lejos posible de las otras alumnas.

Hameda era la profesora de pastún, la lengua que se habla de forma generalizada en Afganistán. Me pidió aquella tarde que fuera a su habitación.

–Confío en que serás feliz aquí –me dijo–. Sé que ésta es tu primera experiencia escolar, así que tal vez tardes un poco en acostumbrarte. Pero quiero que sepas algunas cosas sobre el funcionamiento del colegio.

Me explicó que las alumnas procedían de distintas regiones de Afganistán, que había niñas de la tribu pastún, como yo, así como de la tribu hazara y de otras cuyos nombres no había oído nunca.

–No debes preguntar nunca a tus compañeras a qué tribu pertenecen –me dijo Hameda–. Y no te rías nunca de otras niñas porque sean distintas de ti. Algunas no saben hablar persa, otras lo hablan con un acento que te parecerá raro; algunas tienen un aspecto muy distinto al tuyo. Debes respetar esas diferencias. El hecho de que sean de un sitio o de otro no las hace mejores ni peores que tú. Nunca emplees la violencia contra ellas, no riñas ni les tires del pelo. Trátalas siempre como amigas, como hermanas.

Me explicó que la abuela me había confiado al colegio y que la RAWA pagaría mis estudios. Y que cuando saliera de allí tenía que ser una persona diferente, pues, de lo contrario, habría perdido el tiempo. La clase era algo más que pasar unas horas sentada en una silla frente a la profesora. Tenía que hacer los deberes y conseguir buenas notas, tenía que estudiar no porque la profesora me lo pidiese, sino por mi propio bien. Y debía considerar a las profesoras no sólo como amigas, sino también como madres.

–Si alguna vez sientes nostalgia –prosiguió–, procura no decir delante de las otras niñas que quieres volver a casa. Todas tienen la familia en Afganistán y algunas llevan meses e incluso años sin verla. Sólo conseguirías que se sintieran peor. Si no respetas alguna de esas normas, tendré que ser estricta. No nos gusta castigar a las alumnas, pero cuando se portan mal no nos queda otro remedio.

»¿Alguna duda? –me preguntó cuando terminó.

Le dije que no, no tenía nada que preguntarle. Me sentía demasiado cohibida y desconcertada para hablar con ella.

Aquella noche antes de irme a la cama me dijeron que me lavara las manos y los pies y me cepillara el pelo. Luego me llevaron al dormitorio. Era una habitación larga y estrecha, con literas para las sesenta alumnas. Me alegré al ver que mi cama estaba en un rincón; era la litera de arriba. Así estaría sola.

Apagaron las luces a las once, pero yo no podía dormir. Pensaba en lo que me había dicho Hameda, en la abuela y en nuestra casa de Kabul. Había aceptado que debía dejar mi hogar, y ahora me veía obligada a renunciar también a la abuela. Me sentía completamente sola en la cama, ni siquiera tenía a mi muñeca Mujda para abrazarla, porque la había dejado al cuidado de la abuela por miedo a que las niñas del colegio quisieran tocarla y la rompieran.

Me tapé la cabeza con la ropa y procuré llorar en silencio, confiando en que las otras niñas no me oyeran. Pero me oyó Sayeda, que dormía en la litera de abajo; subió la escalerilla y se sentó a mi lado. Se quedó con las piernas colgando en el aire y tiró de la ropa, pero yo la sujeté con fuerza.

–Déjame en paz –le susurré.

Ella soltó la ropa.

–¿Estás llorando? –me preguntó.

–No –mentí, intentando secarme los ojos y la nariz debajo de la manta.

–¿Por qué lloras? –me preguntó, haciendo caso omiso de lo que le había dicho.

No contesté.

Debió darse cuenta de que me hacía sentir mejor limitándose a estar allí (porque había dejado de llorar) y, aunque yo seguía con la cabeza tapada, empezó a hablarme de sus padres y de sus tres hermanas, que vivían en una aldea de la región occidental de Afganistán. Hacía varias semanas que no sabía nada de ellos. Me avergoncé de mi flaqueza y de haberla hecho salir de la cama para consolarme. Recordé lo que me había dicho Hameda: que las alumnas añoraban a sus familias que habían dejado en Afganistán, en provincias remotas. Yo al menos tenía a la abuela en la misma ciudad.

–¿Quieres volver a casa? –me preguntó Sayeda.

Retiré la manta despacio, me destapé sólo los ojos para poder verla.

–No. No quiero volver a casa –le contesté.

–Pues deja de preocuparte. Mañana estaremos juntas. Puede que los estudios te resulten un poco difíciles al principio, pero todas te ayudaremos. Estoy segura de que el colegio te gustará tanto como a nosotras. Tenemos suerte de estar aquí.

Dormí mal aquella noche, a pesar de la afabilidad de Sayeda. Vi entrar a una profesora en el dormitorio. Me hice la dormida y la observé a través de la sábana. Tenía miedo de que me dijera algo y no saber qué contestar. Más adelante averigüé que tres profesoras hacían guardia nocturna en turnos de dos horas, y que consolaban a las alumnas que tenían problemas para dormir, y vigilaban el patio y la calle.

Al día siguiente por la mañana temprano, me despertó el muecín cuando al fin me había quedado dormida. Algunas niñas se levantaron, rezaron en la alfombrilla y volvieron a acostarse. Yo nunca había visto niñas tan devotas y estrictas con los rezos. Parecía que se preocuparan por la religión tanto como la abuela.

Pero casi todas dormían profundamente, y a algunas tenían que zarandearlas o echarles agua en la cara para que se levantaran y se incorporaran a la larga fila de los baños, donde nos lavábamos en un cubo metálico lleno de agua.

Ocho

Yo siempre había preferido la compañía de los adultos a la de los niños, así que los primeros días que pasé en el colegio no fueron nada fáciles. El horario diario era muy preciso y eso me ayudó a acostumbrarme a la rutina. Las normas me resultaban odiosas en general, pero obedecía las del colegio como un autómata y hacía lo mismo que las demás alumnas.

La idea de tener un uniforme propio me gustó al principio. Me sentía una verdadera colegiala con él puesto. Me despertaba temprano para contemplarlo y me lo ponía con mucho cuidado. Era de color azul claro, con el cuello y los puños blancos. Pero a los pocos días, me cansé de tener que cambiarme de ropa tantas veces. Llevábamos los uniformes en las clases de la mañana y luego nos cambiábamos y nos poníamos la ropa de calle antes de la comida. Luego, hacíamos los deberes y después teníamos que volver a cambiarnos, para ponernos la ropa de deporte blanca y hacer un par de horas de ejercicio. Antes de cenar, volvíamos a cambiarnos y nos poníamos otra vez nuestra ropa.

Hameda me llamó al final de la primera semana.

–Queremos darte una oportunidad de decidir por ti misma –me dijo–. ¿Quieres quedarte en el colegio o prefieres vivir con tu abuela?

Yo no sabía qué contestar. Estuve tentada de decir que echaba de menos a la abuela y que sí, que quería marcharme. Pero era demasiado orgullosa. Sólo llevaba unos días separada de la abuela. Las otras alumnas habían pasado meses e incluso años separadas de sus familias.

–Me quedaré –contesté.

Hameda sonrió.

–Sabía que lo harías.

Empecé a hacerme amiga de otras niñas poco a poco; tenían de siete a dieciséis años. Algunas clases se componían de alumnas de edades muy distintas, y las más pequeñas se burlaban de las mayores. Les decían riéndose que eran demasiado viejas para estudiar con ellas.

Pronto descubrieron que me repugnaban las lagartijas y cuando encontraban una en el patio, me buscaban y me la acercaban a la cara hasta que echaba a correr dando alaridos.

Eran muy distintas unas de otras y hablaban con acentos que yo no había oído nunca. Había una de la región montañosa de Nuristán, una de las más atrasadas de nuestro país. Cuando llegó no podía acostumbrarse a las normas y discutía con las profesoras. Un día, llamó a otra alumna aparte y le dijo que tenía una cosa que le embellecería la oreja. Le metió una piedrecilla en el oído hasta el fondo y tuvieron que llevarla al hospital Malalai, que dirigía la RAWA.

A veces llegaba una alumna nueva con piojos al colegio y entonces interrumpían las clases y nos hacían salir a todas al patio y sentarnos al sol mientras las profesoras se inclinaban sobre nosotras y nos revisaban el pelo a fondo. Yo nunca había tenido piojos, pero la abuela me había hablado de ellos y explicado lo repugnantes que eran. Quería escaparme, pero las profesoras insistían en que me quedase y me sometiese a la inspección como todas. Me ponía colorada de vergüenza al sentir los dedos de la profesora hurgándome el pelo.

Saima me llevaba un año y era de una zona rural próxima a Kunduz. Tenía el pelo muy largo y lo llevaba siempre aceitado, cosa que a mí me extrañaba. Me ayudó con los deberes desde el principio, sobre todo con la clase de pastún, pues lo hablaba mucho mejor que yo. Nos hicimos muy amigas. La admiraba mucho, porque ella misma había decidido ir al colegio después de conocer a una mujer de la RAWA, a pesar de que su familia quería que se quedara en casa. Me contó su historia y me sentí insignificante, porque yo nunca había hecho nada para oponerme a nadie.

Fui a ver a la abuela el primer viernes después de mi llegada al colegio, al día siguiente de que Hameda me preguntara si quería irme. Me llevó un conductor a su casa, que quedaba a media hora del colegio. Me sentí segura cuando la abracé. Aún tenía el mismo olor cálido a polvos de talco. También saludé a mi muñeca Mujda, pero no pasé mucho tiempo con ella, porque ya no me parecía tan interesante.

Mientras tomaba el arroz con cordero que había preparado la abuela, con mucho aceite como me gustaba, me di cuenta de que parecía más triste que cuando estábamos en Kabul. Incluso me pareció que tenía más canas y que las manchas grises se le habían extendido desde las sienes hasta la parte de atrás.

No tuve valor para decirle lo mucho que la echaba de menos. Me preguntó si estaba contenta en el colegio y le dije que sí. Me di cuenta de que procuraba consolarla en vez de quejarme.

Me dijo que su vida había cambiado, que se sentía mucho más vieja. Me explicó que compartía la casa, que era más pequeña que la nuestra de Kabul y sólo tenía dos habitaciones, con una mujer de la RAWA. Procuré bromear y animarla un poco.

–Reconócelo, abuela, soy una carga para ti. Me llevaste al colegio porque querías librarte de mí.

Esbozó una sonrisilla.

–Sí, es verdad, eres una verdadera carga, una carga muy grande y muy pesada. Anda, márchate ya, porque si no las profesoras te echarán del colegio.

Durante los meses y años que siguieron, nos vimos cada vez menos. Siempre que iba a visitarla me preparaba alguna comida sustanciosa, porque sabía que en el colegio sólo podían darnos carne y fruta una vez a la semana. Le llevaba siempre algún regalito del bazar, pero ella solía quejarse de que nunca estaba con ella, de que ya no la quería.

Solía decirle que no pensaba más que en los estudios, que estaba deseando ponerme al nivel de las otras alumnas, después de todo el tiempo que había perdido en Kabul, y ella asentía, diciéndome: «Si tú eres feliz, yo soy feliz». Creo que antes incluso de que yo empezara a ir al colegio, ella ya sabía que no volveríamos a estar tan unidas como en Kabul.

Una de mis asignaturas preferidas era la historia. Quería saber más sobre los reyes de los que me había hablado la abuela. Los libros que había leído en Kabul me habían enseñado que el deber de los afganos era obedecer, primero a Alá y luego al rey. Que sólo Alá tenía más autoridad que el rey. Pero en el colegio me enseñaron que no era así, que el rey no era el ser más importante después de Dios, sino un hombre normal y corriente, y que si hacía algo malo para el país teníamos la obligación de desobedecerle. Cuando descubrí eso me pregunté: «Entonces, ¿por qué tienen palacios tan grandes sólo para ellos? Seguro que podrían vivir perfectamente en una casa normal y emplear el dinero que se ahorraran en sus súbditos».

En las primeras clases de lengua persa tuve la impresión de estar otra vez en las rodillas de mi padre. Así como él me daba un tema para que escribiera algo sobre el mismo, la profesora escribía una palabra en el encerado y nos pedía que pensáramos una frase correcta con ella. Palabras como colegio, ruso, régimen títere o libertad. A mí se me ocurría algo enseguida, gracias a mi padre.

El inglés me resultó difícil, porque era muy distinto de todo lo que estudiaba. Pero las profesoras nos dijeron que nos ayudaría a explicar a la gente de otros países lo que pasaba en Afganistán y a leer y estudiar libros que no se habían traducido al persa. Las asignaturas que menos me gustaban eran matemáticas, cocina y costura. Saima era mi compañera de delito en los exámenes de matemáticas, cuando la profesora no nos miraba. Le bastaba captar mi expresión desesperada cuando tenía la cabeza llena de números que no entendía para pasarme rápidamente las soluciones de los problemas. Es posible que las profesoras se dieran cuenta de lo que hacíamos, pero como yo estaba tan atrasada respecto a las demás alumnas y me desenvolvía bien en las otras asignaturas nunca me castigaron. Siempre sacaba malas notas en matemáticas. Y cuando teníamos que hacer una labor, pedía a una amiga que la hiciera por mí y se la entregaba a la profesora como si la hubiera hecho yo.

Los despistes me jugaron malas pasadas a veces. No acababa de acostumbrarme al programa escolar perfectamente organizado y, mientras que las otras alumnas anotaban las fechas de los exámenes en sus agendas con un mes de antelación y se preparaban bien, yo podía llegar un día a clase creyendo que teníamos examen de una asignatura y encontrarme con que era de otra. Recuerdo una vez que estaba convencida de que íbamos a hacer examen de persa (que se me daba bien, por lo que sabía que no tendría problemas), y cuando la profesora repartió las preguntas me quedé sobrecogida. El examen no era de persa, sino de matemáticas. Y como estaba tan segura de que no tendría problemas, me había sentado sola y no al lado de alguien que pudiera echarme una mano. Así que me limité a poner mi nombre en la hoja de examen y la entregué. Mis compañeras no podían creerlo cuando se lo conté.

–Debes de ser la única alumna del colegio que ni siquiera sabe de qué va a examinarse –me dijeron burlándose.

Me sentía avergonzada. Procuré acordarme de preguntarlo a las otras alumnas con tiempo, pero volvió a pasarme alguna que otra vez.

Las profesoras no nos imponían ningún credo religioso. Nos enseñaron que la religión era un asunto personal entre nosotras y nuestro Dios, si creíamos en alguno, y nos dijeron que ellas no se inmiscuirían.

Me enteré de cómo nacían los niños. En clase de biología nos enseñaban dibujos del cuerpo humano. Las profesoras contestaban todas nuestras preguntas y nos enseñaron cómo podía evitarse tener hijos. Nos explicaron que las familias pobres que tenían hasta ocho hijos e incluso más ponían en peligro la salud tanto de los hijos como de los padres. Los padres sólo deberían tener familias numerosas si podían procurarles buena alimentación, una buena enseñanza y asistencia sanitaria.

La profesora nos enseñó que las mujeres no deben ser esclavas sexuales de los hombres, que tienen tanto derecho al placer físico como ellos. Nos explicó que la violencia sexual contra una joven podía impedirle sentir placer toda la vida. Fue la primera vez que oí hablar de esos temas con tanta naturalidad, y la primera vez que oí la palabra «orgasmo».

Todas las niñas deseábamos enamorarnos algún día y poder elegir al hombre con quien nos casáramos. La enseñanza de mi familia había sido siempre que yo no tendría que aceptar un marido impuesto en un matrimonio arreglado.

Pero yo nunca pensaba que tuviera que casarme. Muchas mujeres afganas creen que ésa ha de ser la aspiración propia de las niñas. Crecer en su hogar (según un dicho que utilizan las ancianas, «las niñas son huéspedes en la casa paterna») y salir de él para ir a la casa de su esposo y tener hijos propios y criarlos. A mí todo eso me parecía mezquino, y sabía que no soportaría vivir confinada en el hogar. Nunca sería una esclava de mi marido ni aceptaría que me dijese lo que tenía que cocinar y lo que podía gastar y cómo.

Nunca pensé que tendría una relación sexual con un hombre antes de casarme. Las chicas nos enteramos de que ese tipo de relación se consideraba normal en Occidente, pero a mí y a mis compañeras no nos lo parecía y no nos gustaba la idea. Yo no besaría a un hombre antes del matrimonio, ni saldría a pasar una velada sola con un hombre sin estar comprometidos. Confiaba en que algún día conseguiría lo mismo que mis padres, que se habían casado y se habían amado.

Nueve

Las profesoras del colegio parecían vivir para su trabajo, a diferencia de la que yo había tenido en Kabul una temporada. Me daba cuenta de que sobre todo Hameda se hubiera sentido muy decepcionada si yo hubiese desperdiciado una hora de clase sin aprender algo. Hameda tenía treinta años, no estaba casada y su hermano había muerto luchando contra los rusos. Me merecía un gran respeto.

Una mañana, interrumpieron súbitamente las clases y nos mandaron salir al patio. Hameda nos pidió que nos pusiéramos en filas y se plantó muy seria delante.

–Falta dinero de la sala de profesoras –nos dijo–. No es la primera vez que sucede. Pero ahora tiene que acabarse. Sabemos quién ha sido, pero quiero que ella misma salga ahora y lo confiese. Esperaremos aquí hasta que lo haga.

Nadie abrió la boca. Yo no sabía quién podría haberlo hecho y me extrañaba que Hameda quisiera que lo confesara delante de todas, si ya sabía quién había sido.

Transcurrió lo que me pareció un siglo. Hameda se acercó a un árbol que había en el patio, alzó los largos brazos y arrancó una ramita.

–Muy bien –nos dijo a continuación–. Si la culpable se niega a confesar, os castigaremos a todas.

Saima y yo nos miramos asombradas. Incluso un grupo de profesoras que estaban a un lado se miraron sorprendidas. Al parecer, nadie esperaba que Hameda dijera aquello.

Hameda fue nombrando una por una a todas las alumnas. Cuando dijo mi nombre, caminé hacia ella todo lo deprisa que podía. Tendí la mano con la palma hacia arriba, procurando eludir su mirada. Me golpeó con fuerza, pero no con la suficiente para hacerme sangrar. Más que dolor, sentí rabia por el hecho de que castigara a tantas inocentes cuando sólo había una culpable. No podía entenderlo.

Convocaron otra asamblea pocos días después. Me pregunté por qué irían a castigarnos aquella vez, pero enseguida comprendí que era a Hameda a quien acusaban. La asamblea se llamaba «sesión de quejas», y mis amigas me explicaron que se animaba a las alumnas a exponer cualquier crítica que tuvieran que hacer al colegio o a las profesoras. Me pareció una idea disparatada. ¿Acaso no debíamos demostrar siempre a las profesoras nuestro respeto en todo lo que dijésemos?

En la asamblea, se levantaron varias profesoras para decir que Hameda había obrado mal. Se había dejado ofuscar por la desesperación, arriesgándose así a perder la autoridad. A mí me daba apuro por ella y guardé silencio cuando las profesoras nos preguntaron qué opinábamos del incidente. De todos modos, yo era demasiado tímida para hablar delante de tanta gente.

Pero Saima sí lo hizo. Se levantó y dijo que la actitud de Hameda había sido un error, y que hubiera sido mucho mejor descubrir a la culpable y castigarla sólo a ella.

Yo esperaba que reprendieran a Saima o que la castigaran de nuevo por atreverse a decir algo así. Pero en vez de eso, Hameda se levantó, admitió que se había equivocado y nos pidió perdón a todas. Yo no había visto nunca a un adulto pedir perdón y disculparse. Ni mis padres ni la abuela me habían pedido perdón ni se habían disculpado nunca por nada.

Hameda me explicó después que no tenía nada de extraño que los niños y los jóvenes criticasen a los adultos.

–Así es como funciona la democracia –me dijo–. Todos tienen que poder expresar libremente lo que piensan.

Las sesiones de quejas se celebraban una vez al mes, pero yo nunca intervenía. Algunas profesoras incluso me criticaron por mi falta de participación.

–No creas que vas a conseguir buenas notas quedándote callada –me dijeron–. Tu obligación es criticar a las personas que tienen autoridad si crees sinceramente que se equivocan en algo.

Pero yo era obstinada y guardé silencio.

Hasta las películas que nos ponían en el colegio solían tratar de alguna forma de resistencia. Vi *Espartaco* una docena de veces. También me gustó mucho *Julia*, en la que Jane Fonda interpreta el papel de una escritora judía que tiene la misión de introducir clandestinamente dinero en la Alemania nazi; y lo mismo *La quinta ofensiva*, en la que Richard Burton interpretaba el papel del mariscal Tito, y pensé que la guerra que estaba librando él en Yugoslavia se parecía mucho a la de mi país.

Yo no sabía entonces que antes de ponernos las películas cortaban las escenas en las que aparecían amantes enamorados besándose demasiado apasionadamente.

Fue el hecho de que hubiese siempre un guardia en la puerta del colegio lo que me hizo comprender lo que tenía de especial el centro. Nunca supe si iba armado, pero mis compañeras me contaron que le habían obligado a hacer prácticas de tiro. Empecé a preguntarme qué defendería, y poco a poco llegué a la conclusión de que estaba defendiendo lo que representaba el colegio. La Asociación Revolucionaria de Mujeres de Afganistán había fundado el colegio con los donativos de simpatizantes, tanto de Afganistán como de otros países, y con los fondos conseguidos con la venta de alfombras y artículos de artesanía que hacían principalmente las mujeres de los campos de refugiados afganos en Pakistán. El colegio defendía los ideales por los que había luchado mi madre cuando yo era pequeña. La RAWA elegía a las profesoras, seleccionaba a las alumnas y decidía cómo debían impartirse las asignaturas. Sus enseñanzas nos exponían a los ataques de los fundamentalistas afganos que vivían en Pakistán, hasta el punto de que tenían que protegernos noche y día.

No nos dejaban salir a la calle solas. Cuando yo iba a ver a la abuela, siempre me llevaba un conductor de la RAWA, y tenía que subir al coche en el recinto del colegio antes de salir a la calle. Hacíamos muy pocas excursiones escolares. Una vez que pasamos el día a la orilla del lago de un parque de Quetta, donde nos sentamos en alfombras extendidas sobre la hierba a comer carne con patatas, estuvieron vigilándonos todo el tiempo colaboradores de la asociación, muchos de los cuales eran parientes o amigos de las mujeres de la misma.

Dedicábamos dos horas diarias por la tarde al deporte (gimnasia y bádminton) precisamente porque no podíamos salir con facilidad. Las profesoras procuraban que pasáramos el máximo tiempo posible al aire libre. Si hacía bueno, extendíamos alfombras en el patio y nos sentábamos a hacer allí los deberes.

Algunas alumnas se inventaban enfermedades con la esperanza de que las llevaran unos días al hospital Malalai de la RAWA. Pero las profesoras se daban cuenta del engaño casi siempre. Malalai no era un hospital como los demás. Había carteles de la RAWA en las salas, y el personal sanitario explicaba a las pacientes sus derechos y animaba a las mujeres analfabetas a que aprendieran a leer y a escribir.

Pakistán había permitido que las facciones muyahidines fundamentalistas utilizasen su territorio como base de operaciones durante la ocupación rusa de Afganistán, con la idea de forjar un bloque islámico que se extendiese hasta Asia Central. Esas facciones habían instalado oficinas y miles de madrazas o escuelas coránicas en los campos de refugiados y en todo el país, lo cual significaba que las hordas de estudiantes con turbante querían castigar a la RAWA no sólo por considerar que constituía una amenaza a sus principios, sino también por ser la entidad que denunciaba más abiertamente los crímenes de los muyahidines. Los exilados afganos más violentos controlaban zonas enteras de las ciudades paquistaníes donde actuaba la RAWA, incluidas Quetta y Peshawar.

Yo me sentía más libre en el colegio que en Kabul, a pesar de todo eso, aunque nunca olvidé el sufrimiento que había visto en mi ciudad. Cuando quería estar sola, me sentaba en el suelo en mi rincón preferido del patio.

Las clases de geografía e historia me hacían sentir especialmente nostálgica. La profesora nos hablaba de las hermosas montañas de Afganistán y de la resistencia de los afganos a los invasores extranjeros a lo largo de los siglos, y yo recordaba las historias que me habían contado de niña. Una alumna dijo a la profesora un día:

–Pero ya no hay nada en nuestro país. ¿Por qué debemos amarlo? ¿No deberíamos amar sólo a Pakistán, que es donde vivimos?

Yo no me planteé nunca esas dudas. Afganistán era mi país y debía amarlo, y si ya no había nada allí, tendríamos que ayudar a construir algo, aunque no sabía muy bien qué. Pasé muchas horas sentada en el patio pensando en lo que había dejado atrás. Imaginaba un país donde la gente tenía miedo. Pero nunca amé Pakistán como si fuera mi patria. Nunca creí que pudiera sustituirla.

Las clases que más me interesaban eran aquellas en las que podía informarme sobre la RAWA. Tenía quince años cuando me enteré de más cosas sobre la asociación por Soraya, que nos daba clase de ciencias políticas. Era mayor que el resto de profesoras y tan buena como mi madre. Yo sabía poco de ella, sólo lo que las demás alumnas cuchicheaban a las nuevas: que participaba muy activamente en las operaciones clandestinas de la asociación. Sabíamos que era una mujer valiente y que merecía nuestro respeto. Ella me enseñó el significado de las palabras democracia, derechos humanos y feminismo. Nos explicó que si no se permitía a los hombres formar parte de la RAWA no era porque estuvieran en contra de ellos (necesitábamos su ayuda para que siguiera funcionando), sino por la propia naturaleza de la asociación.

Soraya quería que leyéramos todo lo posible, que leyéramos sobre las dos guerras mundiales, sobre el nazismo y el fascismo. Nunca se refería a sí misma como nuestra profesora, porque decía que nosotras teníamos mucho que enseñarle. La llamábamos «hermana».

Una vez le pregunté cuánto se tardaba en crear una democracia y me contestó con paciencia: «No existe ninguna receta mágica». Palabras similares a las que había empleado mi madre cuando le pregunté cómo podía ayudar ella a las mujeres afganas. Soraya no se reía nunca de mis preguntas; y nunca corregía mis trabajos con bolígrafo rojo; prefería el azul o el negro, porque, según decía, no estaba allí para juzgarme.

El primo lejano que había ido a estudiar a Canadá y luego había decidido establecerse allí, vino a verme cuando yo ya llevaba un tiempo en el colegio. Había averiguado mi paradero por la RAWA. Me habló de su nueva vida y se ofreció a llevarme con él y ayudarme a terminar allí mis estudios. Me dijo que primero aprendería inglés y luego podría estudiar lo que quisiera. Él no era partidario de la resistencia. A su modo de ver, era inútil intentar cambiar las cosas en Afganistán.

Pensé en los miles de niñas de las aldeas más remotas de Afganistán que eran mucho más inteligentes que yo y a quienes nunca se les presentaría aquella oportunidad. Pero la sola idea de dejar a la abuela y a mis compañeras del colegio me resultaba inconcebible.

Mi primo se sorprendió mucho cuando le dije que quería seguir donde estaba, que no podía hacerme a la idea de vivir tan lejos de mi patria. Movió la cabeza incrédulo cuando le expliqué que creía que «para amar a tu patria tienes que estar dispuesto a morir por ella».

–Eres sólo una niña –me dijo–. ¿De dónde has sacado esas ideas, que son mucho más grandes que tú?

No le dije que pensaba que él tenía el corazón tan pequeño como el de un pájaro.

Todas nos reímos tontamente cuando Soraya anunció un día que teníamos que cambiarnos de nombre.

–Tenéis que saber que hay problemas de seguridad en el colegio, que tenemos enemigos –nos dijo–. Algún día lo comprenderéis. Por ejemplo, Soraya no es mi verdadero nombre; pero seguid usándolo, por favor.

Nos pareció simplemente divertido. Yo estaba encantada, creía que aquello significaba que tal vez me estuviera convirtiendo en alguien importante. Todas las alumnas del colegio teníamos que usar nombres falsos a partir de los doce años. Así que las mayores nos sentíamos superiores a las más pequeñas. Ya no éramos niñas, porque teníamos nombres nuevos.

Tardé un tiempo en acostumbrarme al mío, que me eligió Soraya, escribiéndolo en una hoja de papel que me pasó. Los primeros días, la profesora tuvo que llamarme varias veces, hasta que caía en la cuenta de que era yo quien tenía que levantarse y salir a la pizarra. Muchas cometimos el mismo error una y otra vez, entre las risas de todas.

Elegí el nombre de Zoya mucho tiempo después. Una periodista rusa había ido a vernos y pasé un rato con ella porque quería saber cuál era la situación de los derechos de las mujeres en Afganistán. Yo esperaba que fuese rubia y de ojos verdes, como la mujer soldado que me había ofrecido una chocolatina en Kabul. Pero aquella periodista tenía los ojos de color castaño y el cabello oscuro, y como estaba tan interesada en nuestra labor, me olvidé enseguida de que su nación había ocupado Afganistán durante tanto tiempo. La acompañé de vuelta al hotel. Nos despedimos en la puerta, me besó y se fue. Pero a los pocos pasos, se detuvo y dio la vuelta.

–Espero que no te importe –me dijo–, pero tengo que pedirte una última cosa.

Esperé con una sonrisa.

La escritora rusa tenía lágrimas en los ojos.

–Tenía una hija que enfermó de cáncer y murió. Se llamaba Zoya. La echo mucho de menos y quería pedirte que adoptaras ese nombre. Me gustaría muchísimo que lo hicieras.

Su petición me conmovió y no vacilé. Le dije que sí, que adoptaría el nombre de Zoya. Ni siquiera pensé en los rusos que habían invadido Afganistán. Sabía que existe una gran diferencia entre el gobierno de un país y su pueblo. Unas semanas después me enteré de que Zoya era también el nombre de una mujer que había participado en la Revolución rusa. Cuando la policía zarista le preguntó si sabía dónde estaba Stalin, había contestado: «Está aquí, en mi corazón». Y el agente repuso entonces: «Bien, si es ahí donde está, ahí es donde lo mataremos». Le apuntó con la pistola al corazón y disparó.

Diez

Llevaba sólo dos años en el colegio cuando Saima y yo decidimos organizar una reunión de unas cuantas amigas para hablar de nuestro futuro. Yo tenía dieciséis años y me sentía cada vez más frustrada por tener que asistir todos los días a clase y preocuparme de los ejercicios de matemáticas mientras mi país se hundía cada vez más en la pesadilla de la guerra.

Sabía, por las profesoras y por la emisión persa de la BBC, que escuchábamos en una radio que nos prestaban (tomando notas, como nos había enseñado Soraya), que la vida de quienes no habían tenido más remedio que seguir en Afganistán era cada día peor. El bombardeo de Kabul había continuado prácticamente sin pausa desde que los muyahidines tomaron el poder. Durante el último año (1994), las facciones rivales habían impuesto un bloqueo de alimentos a Kabul, y muchos de sus habitantes corrían peligro de morir de hambre.

Pero había un nuevo protagonista en la lucha. Al fracasar el Gobierno, dividido en el propósito de crear un Estado islámico, muchos antiguos fundamentalistas muyahidines se habían visto impulsados a seguir al mulá Mohamed Omar, y esa nueva facción había pasado de la nada a despojar de sus armas a los jefes locales de los alrededores de Kandahar (una ciudad del sur de Agfanistán) y a tomar la ciudad en noviembre.

Así es como nacieron los talibanes. Millares de talibanes fueron a dar las gracias a Alá al santuario del manto del profeta Mahoma, que hace de Kandahar uno de los lugares más venerados de Afganistán.

Pero su éxito no se debió a la intervención divina. El mulá

Omar no sólo contaba con el apoyo de las fuerzas más fundamentalistas de los muyahidines, sino también con el de los hombres de las escuelas islámicas o madrazas, que había tanto en Afganistán como en los campos de refugiados de Pakistán. Los talibanes tendrían que haber dado también las gracias a las autoridades paquistaníes que abandonaron al Gobierno muyahidín y decidieron apoyar a los talibanes, por considerarlos un medio mejor de influir en el país vecino. Pakistán se convirtió en el mayor proveedor de armas de los talibanes.

La noche de diciembre que habíamos decidido celebrar la reunión, la emisión persa de la BBC informó de que los talibanes se habían hecho con el control de varias provincias más y se estaban extendiendo como un cáncer por todo el país. Apagamos la radio y nos reunimos en la sala de estudio en que solíamos hacer los deberes. Nos sentamos en la alfombra, acurrucadas bajo las mantas, tomando sorbos de té negro para entrar en calor.

–¿Cuántos años pensáis pasar en el colegio? –nos preguntó Saima–. ¿Os dais cuenta de que si seguimos aquí mucho más tiempo, seremos adultas y no habremos hecho nada por nuestro país ni por la asociación?

–¿Qué demonios crees que podríamos hacer nosotras por la asociación? Sólo somos adolescentes –repuso otra chica.

–En eso te equivocas –tercié yo entonces–. Podemos hacer muchas cosas. Hay mucho trabajo. Y si algo es cierto es que no participamos en él sentadas en clase.

Seguimos hablando hasta muy tarde. Saima y yo sosteníamos que éramos ya bastante mayores para escribir en las publicaciones de la RAWA y para participar en las manifestaciones que convocaba en Pakistán. Estábamos tan enardecidas que a algunas se nos cayó el té en las mantas. La reunión terminó cuando dije:

–Saima y yo lo propondremos mañana, tanto si estáis de acuerdo todas como si no.

Fuimos a ver a Soraya al día siguiente y le dijimos que apreciábamos muchísimo el tiempo que habíamos pasado en el colegio, pero que creíamos que ya era hora de que empezáramos a colaborar en el trabajo de la asociación. No se sorprendió. Sólo nos pidió que pensáramos detenidamente lo que significaría antes de decidirlo, y que volviéramos luego a hablar con ella.

Yo no quería perder más tiempo.

–Ya lo hemos pensado muy bien, hermana. No necesitamos pensarlo más –le dije–. Estamos decididas y queremos empezar mañana mismo.

Soraya nos llamó unos días después. La RAWA había estudiado nuestra petición y había decidido tomar las medidas necesarias para que dejáramos el colegio y nos instaláramos en un refugio de la RAWA, uno de los muchos que tenían en Quetta y en otras ciudades paquistaníes. Eran sobre todo para las mujeres más jóvenes de la asociación, que vivían en grupos controlados por mujeres mayores.

Soraya nos explicó que empezaríamos a trabajar en cuanto nos instaláramos.

Después de esperar tantos años, al fin empezaría a cumplir la promesa que había hecho a mis padres. Por primera vez en mi vida sentía la alegría de la independencia. La decisión de abandonar Afganistán e ir al colegio la habían tomado otros por mí. Pero aquella decisión era mía, y no lamentaba tener que dejar el colegio. Corrí a contárselo a la abuela en cuanto pude.

–Tu vida es una vida especial, hija –me dijo ella–. Quiero que te parezcas a tu madre y a tu padre.

Me enorgullecía que nosotras las jóvenes dirigiéramos la casa de la RAWA. Teníamos nuestro propio presupuesto, repartíamos las diferentes tareas y establecíamos un programa con lo que cada una tenía que hacer y cuándo. Ninguna sabía cocinar bien. Y sólo comíamos porque teníamos que hacerlo. Una de las tareas era la guardia. Organizamos turnos nocturnos de dos horas. Guardábamos en la casa un arma de fuego y yo confiaba en que no tuviéramos que usarla nunca.

Ya no tenía que llevar el uniforme y podía usar mis propios

vestidos. Me los había hecho casi todos la abuela. Todavía recibía clases, pero sólo de historia, política e inglés, que venían a darnos a la casa las profesoras del colegio. Nos hicieron repasar los temas más importantes de historia y política. Nos dieron un curso intensivo de inglés y al cabo de un año acabaron las clases. Ése fue el final de mis estudios.

Aparte de las clases, podía leer libremente lo que quisiera, y devoré las obras de Bertold Brecht, traducidas al persa. También leí con más calma los discursos de Martin Luther King en inglés. Repetí durante días a mis amigas la máxima de Abraham Lincoln, que encontré en Brecht: «Puedes engañar a todo el mundo durante un tiempo, y a algunos siempre. Pero no puedes engañar a todo el mundo siempre».

El primer trabajo que hice para la RAWA fue escribir artículos sobre los acontecimientos afganos para *Payam-e-Zan* [Mensaje de las Mujeres], una revista que había empezado a publicar la asociación hacía doce años. Aprendí a escribir como si tuviera que defender la elección de cada palabra. Había creído durante muchos años que cuanto más complicada fuese una palabra, más bella era. Cuando leía poesía, creía que las mejores palabras eran las que tenía que buscar en el diccionario porque no las entendía. Pero Soraya me enseñó a emplear las palabras más sencillas, en parte porque muchos afganos apenas sabían leer y escribir.

También me enseñó que la política no consistía en prolongadas deliberaciones entre los que a ella le gustaba llamar «políticos de oficina». Consistía en hablar a los pobres, ignorantes y atrasados y demostrarles que tenían un futuro.

–No hables nunca a los pobres como si fueras una profesora que lo sabe todo –me dijo–. No olvides nunca que hasta el campesino más atrasado puede enseñarte algo.

Hacía tres meses que habíamos dejado el colegio, cuando Soraya nos llevó un grueso fajo de papeles que había unido con clips. Era un manual, una recopilación de informes que habían escrito mujeres de la RAWA sobre sus experiencias. Soraya nos pidió que los leyéramos por turnos con atención y sacáramos provecho de ellos.

Cuando llegó mi turno de leer el manual, quedé extasiada. Hasta el punto de que se lo leía en voz alta a Saima y a las otras compañeras. También leía por la noche con una linterna debajo de las sábanas para no molestarlas. Los informes estaban escritos a mano, en hojas muy gastadas.

Una mujer explicaba su detención y encarcelamiento en Kabul y que en la cárcel le habían dicho que las autoridades habían matado a su hermano. La mantuvieron varios días despierta para obligarla a revelar los secretos de la asociación. Los guardias la golpeaban cada vez que cerraba los ojos para que no se durmiera. Pero no tracionó a la asociación y al final la dejaron en libertad.

Otra explicaba que la habían detenido en el colegio en que trabajaba, uno de los mejores de Kabul, cuando la ciudad aún estaba ocupada por los rusos. Era profesora y había pasado algunas publicaciones de la RAWA a una compañera. Los agentes del servicio secreto afgano (KHAD, que estaba inspirado en el KGB) encontraron los documentos durante un registro en la casa de la colega y la detuvieron. Los documentos hablaban contra el régimen títere que entonces hacía el trabajo de los rusos por ellos, y llamaba a los gobernantes traidores a Afganistán. La policía dejó en libertad a la compañera cuando denunció a una mujer de la RAWA, que tenía una hija de tres meses, y a la que detuvieron a pesar de ello, por lo que tuvo que llevar a la niña a la cárcel con ella. La detenida negó que perteneciese a ninguna organización clandestina, pero la retuvieron durante un año. Su hija es ahora mayor y trabaja en la RAWA. Siempre bromeo con ella diciéndole que debía ser una delincuente peligrosa muy temible como para meterla entre rejas a los tres meses.

Los informes describían las diferentes torturas practicadas por el KHAD: ataban a las prisioneras y las dejaban al sol durante días y días, les arrancaban las uñas una por una y les aplicaban descargas eléctricas en los genitales.

Lamentaba profundamente el sufrimiento que habían tenido que soportar aquellas mujeres de nuestra asociación. Hablé del manual con Soraya y me dijo que era imposible saber cómo reaccionaría una persona sometida a tortura. Pero yo me juré que, pasara lo que pasara, no traicionaría nunca a mis amigas. No podría vivir sabiendo que una amiga había muerto por mi culpa.

Soraya me habló detalladamente de la vida de Meena, poeta y fundadora de la RAWA. Yo había visto una foto suya en el vestíbulo del colegio. Tenía veinte años y era estudiante de derecho islámico en la Universidad de Kabul cuando en 1977 había creado la asociación, cuyo objetivo inicial era conseguir la igualdad de las mujeres. Los rusos invadieron entonces el país y la asociación pasó a la clandestinidad y empezó a luchar contra ellos, pero empleando sólo métodos pacíficos. La asociación no luchaba a favor de ningún partido político, sólo por un Afganistán libre y democrático. Meena llamaba a las mujeres afganas en sus escritos «leones dormidos», que cobrarían fuerza cuando al fin despertaran. Uno de sus poemas se titula *I'll Never Return (Nunca volveré):*

> Soy la mujer que ha despertado.
> Me he levantado y me he convertido en tempestad
> [entre las cenizas de mis hijos abrasados.
> Me he alzado de los arroyos de sangre de mi hermano,
> [la cólera de mi nación me ha dado fuerzas.
> Mis pueblos incendiados y arrasados me inflaman
> [de odio al enemigo.
> No sigas creyéndome tan débil e incapaz,
> [compatriota,
> Mi voz se ha fundido con la de miles de mujeres
> [que se han levantado,
> mis puños se han unido a los de miles
> [de compatriotas
> para acabar con tantos sufrimientos, para
> [romper las cadenas de la esclavitud.

Soy la mujer que ha despertado.
He encontrado el camino y nunca volveré.

Meena se exilió en la ciudad de Quetta, donde fundó el hospital Malalai. Sabía que tampoco allí estaba a salvo. Recibió varias amenazas de muerte e incluso lo denunció a las autoridades paquistaníes, pero la policía no le hizo caso ni le proporcionó ningún tipo de protección.

Un agente del servicio secreto afgano la estranguló con un cordel en su casa de Quetta. Tenía treinta años.

Soraya me explicó que uno de los sospechosos de haber participado en la conspiración para asesinarla era Gulbudin Hikmetyar, el caudillo que había bombardeado a la población de Kabul desde las montañas hasta el sur durante tres años, después de la retirada de los rusos. Era el responsable de la muerte de veinticinco mil personas en la capital. La vida de Meena sigue siendo un estímulo para nosotras.

–Conoces los peligros –me dijo Soraya–. ¿Estás dispuesta a aceptarlos? No conseguirás dinero ni poder. Pero si decides hacer este trabajo tienes que prepararte para la posibilidad de que te detengan y te torturen para obligarte a declarar lo que sepas. Puedes perder la vida privada y también puedes perder la vida. Recuerda que la puerta siempre estará abierta si quieres marcharte. Tal vez llegue el momento en que te sientas demasiado asustada o demasiado cansada. Entonces tendrás que dejarlo, pero deberás guardar siempre en tu corazón los secretos de la asociación.

–Sé que has hecho muchos sacrificios y estoy dispuesta a hacer lo mismo –repuse, sin vacilar.

Once

Vivir y trabajar con mis compañeras supuso que me aceptaran gradualmente como miembro de la asociación. Ésta no creía en ceremonias oficiales de iniciación, y un buen día me entregaron el carné sin más. Poco después, Soraya nos dijo que los comandantes muyahidines habían incluido a varias compañeras de la asociación en su lista negra. Nuestra sede en Pakistán recibía cartas y llamadas telefónicas insultantes y amenazadoras. Habían rechazado a varias mujeres que querían ingresar en la asociación porque sospechaban que trabajaban para los muyahidines y querían infiltrarse.

Mis compañeras y yo éramos jóvenes e inexpertas y cometimos errores. Una noche, poco después de instalarnos en la casa, una de las chicas metió una lagartija en la cama de otra mientras dormía y la despertó. La chica salió de la cama de un salto gritando aterrada. Soraya nos advirtió que ese tipo de bromas ponía nuestra vida en peligro, porque podía oírnos un vecino y despertar su curiosidad por lo que pasaba en la casa.

Vivíamos en un barrio pobre, donde los vecinos eran más amables y más curiosos que en las zonas más elegantes de la ciudad. Poco después de instalarnos, nos visitó una arpía. Hubiera sido una descortesía dejarla en la calle, así que la invité a pasar. Enseguida empezó a interrogarnos, preguntándonos por qué vivíamos todas en la casa. Le dije que éramos hermanas.

Pero la vieja tenía buena vista.

–Pues no os parecéis mucho –comentó.

Tenía razón. Éramos todas de grupos étnicos diferentes y se notaba.

–Aunque fijándose bien –añadió la mujer–, veo que sí, que os parecéis.

Quería saber más.

–¿Y dónde están vuestros padres? Seguro que no viviréis solas aquí.

Me inventé una extraña historia sobre la marcha. Nuestros padres se habían divorciado, nuestro padre se había ido a vivir a América y nuestra madre nos había enviado allí a vivir con un hermano. La vieja chasqueó la lengua con desaprobación y al fin se marchó.

Pocas semanas después, tuvimos un incidente más grave con una patrulla de policía a la que avisaron para que fuera a nuestra casa (tal vez la arpía), precisamente cuando nos habíamos reunido allí doce compañeras para grabar algunas canciones que la RAWA distribuiría luego entre simpatizantes y colaboradores. Tal vez quienes hubieran avisado a la policía se extrañaran al ver a tantas jóvenes conversando y riendo en la azotea después de la grabación. Debió extrañarles que no hubiera hombres ni mujeres mayores, y seguro que les sorprendió ver llegar a la casa a los jóvenes que nos acompañaron con los instrumentos musicales y quedarse por la noche. Todo eso no sorprendía a la asociación: nos trataban como adultas responsables y se contaba con que hombres y mujeres dormirían en habitaciones separadas si tal cosa era posible.

La risa era inevitable. Creo que los afganos ríen más que ningún otro pueblo del mundo cuando se divierten juntos. Era ya medianoche cuando llegaron los tres agentes de policía, armados y con sus uniformes grises sucios; nos habíamos acostado en la alfombra. No tuvimos más remedio que dejarles entrar; empezaron a pasar entre las mantas, alzándolas y farfullando sorprendidos al ver a una joven tras otra y luego a algunos jóvenes.

Les dijimos que todos eran parientes de Afganistán que estaban de visita, pero resultaba evidente que los agentes creían que éramos prostitutas. Nos amenazaron con llevarnos a todos a comisaría. Al final tuvimos que llamar a algunas compañeras mayores de la asociación, que declararon que eran nuestras madres y arreglaron el asunto pagando un soborno exagerado a los agentes.

Los policías eran corruptos y a veces había que pagarles para que nos dejaran en paz. Los problemas pequeños nos costaban unas cincuenta rupias, que a los policías les gustaba llamar «dinero para el té». Pero siempre andaban intentando localizar los albergues de la asociación e identificar a sus integrantes. Si se hubieran dado cuenta de lo que habían encontrado, habrían detenido a nuestros colaboradores varones y los habrían interrogado sin tregua hasta averiguar todo lo que sabían. También a nosotras nos habrían llevado a la cárcel, que no era precisamente un lugar seguro para las jóvenes.

Cometí algunos errores estúpidos que podrían haber costado muy caros a mis compañeras. Olvidé preparar lo necesario para que un guardaespaldas acompañase a una compañera a una reunión, con lo que ella tuvo que arriesgarse a ir sola. Quetta no era una ciudad segura, e incluso resultaba peligroso que una compañera de la RAWA tuviera que esperar un rato en la calle. Siempre me disculpé por mis errores y nunca me castigaron.

Pero lo que indignó realmente a Soraya (fue la vez que la vi más enfadada) fueron unos trozos de *nan* (pan sin levadura) que tiramos. Nos gustaba tomarlo recién hecho, blando y caliente, y todos los días tirábamos lo que nos había sobrado del día anterior. Lo metíamos en una bolsa de plástico y lo dejábamos en la basura junto a la puerta de la cocina.

Soraya vio el contenido de la bolsa y dijo que quería hablar con nosotras. Estaba literalmente furiosa. Pero no levantó la voz.

–Debería daros vergüenza –nos dijo–. Hay gente que se muere de hambre a vuestro alrededor porque no tiene qué llevarse a la boca y aquí estáis vosotras, que os comportáis como si fueseis hijas de reyes. Es un ultraje a los pobres, aparte del hecho de que desperdiciáis dos rupias de pan tierno cuando deberíais ahorrar todo lo que tenéis para comprar las vitaminas y proteínas que necesitáis a vuestra edad.

»¿Os habéis parado a pensar de dónde sale el dinero que gastáis? –prosiguió–. Cualquiera diría que creéis que cae del cielo, pero no es así. Procede del sudor de nuestras compañeras, de la generosidad de quienes nos apoyan en todo el mundo y que no saben que vosotras os dedicáis a derrocharlo.

Todas nos sentimos avergonzadas. Soraya nos prohibió comprar pan tierno durante tres días. Nos sentíamos todavía más avergonzadas cuando se sentaba frente a nosotras en las comidas y tomaba los trozos de pan duro que nos hacía servir con los otros alimentos. Teníamos que seguir su ejemplo. Procurábamos quitar la capa gris de moho de los trozos de pan y ponerlos a remojo, calentarlos en el fuego de gas y tomarlos con el té para que nos diera menos asco.

Todavía recuerdo el sabor del pan duro y mohoso en la boca.

Aprendí a comprobar si me seguían, a conocer todas las calles de los alrededores de la casa, a dar grandes rodeos cuando iba a un albergue de la asociación, donde no entraba nunca si tenía la menor sospecha de que me había seguido alguien, y a buscar una posible vía de escape cada vez que entraba en un edificio nuevo. Sabíamos que teníamos el teléfono intervenido y nunca nos atrevíamos a hablar con libertad.

Un día por la tarde, cuando un conductor me llevaba a casa desde un hotel donde me había reunido con un periodista extranjero que me había hecho una entrevista, me di cuenta de que nos seguía un coche. Supuse que era el ISI (el servicio de espionaje paquistaní), que, como la policía, tenía la tarea de controlar nuestras actividades, procurando identificarnos y localizar las oficinas y refugios de la asociación. Los espías del ISI me habían visto reunirme con el periodista en el hotel y seguramente sabían que pertenecía a la RAWA. Pedí al conductor que parara. Los agentes se detuvieron también detrás, no muy discretamente.

Salí del coche y me acerqué a ellos.

–¿Qué puedo hacer por vosotros? –les pregunté por la ventanilla abierta.

Los dos hombres me miraron, demasiado sorprendidos para que se les ocurriera algo.

–Como sin duda sabéis, soy de la RAWA. Tenemos un número de teléfono y podéis llamarnos si queréis vernos. No voy a ningún sitio interesante, sólo voy al mercado. No vais a encontrar ningún albergue ni a ninguna mujer de la RAWA siguiéndome ahora. Así que os sugiero que me dejéis en paz.

Saqué el carné de la asociación, que llevaba un nombre falso, y se lo puse delante de las narices, pero ellos se limitaron a sonreír bobaliconamente.

Uno habló al fin:

–¿Por qué ocultáis vuestras oficinas y por qué usáis nombres falsos? –me preguntó.

–Porque Meena, la fundadora de la asociación, fue asesinada aquí, en Pakistán, y porque el Gobierno paquistaní apoya a los fundamentalistas afganos –contesté.

Ambos admitieron que pertenecían al servicio secreto paquistaní y se marcharon.

Me encargaron otras tareas. Me enviaron con otras compañeras al bazar principal un viernes muy ajetreado a distribuir nuestra revista, *Payam-e-Zan*. Uno de nuestros colaboradores varones vigilaba por si la policía o los fundamentalistas afganos me localizaban y se metían conmigo. Recorrí las oscuras callejas, cubierta con un velo, buscando afganos, que tienen la piel más clara que los paquistaníes. Ver caras afganas en los bazares siempre me hacía sentir añoranza.

Encontré a un hombre sentado en el suelo con un montoncito de cebollas delante, y nos pusimos a hablar. Me dijo que procedía de Kabul, que era ingeniero, pero que lo había perdido todo. Me explicó que quería comprar la revista, que quería leérsela a sus hijos. Pero no tenía ni veinte rupias para pagarla.

–¿No podrías esperar a que venda algunas cebollas? –me preguntó.

Le regalé la revista.

En septiembre de 1996, los hombres que decían profesar la pureza religiosa se apoderaron de mi ciudad. Después de avanzar hacia el norte desde Kandahar, la primera ciudad que habían conquistado, donde el mulá Omar osó ponerse el manto del Profeta delante de sus seguidores, los talibanes consiguieron controlar Kabul; pero no sin haberla bombardeado antes, lo mismo que habían hecho los muyahidines. Lo primero que hicieron los talibanes en Kabul fue sacar a Mohamed Najibulá, el ex presidente y antiguo jefe del KHAD, en plena noche del recinto, supuestamente seguro, de Naciones Unidas y llevarlo al palacio presidencial. Allí lo castraron y lo mataron a tiros. Después lo colgaron en la plaza Ariana, con un lazo de acero que se le clavó en la carne hinchada. Su hermano siguió la misma suerte. Los talibanes les llenaron la boca y la nariz de billetes y les colocaron más billetes en los dedos de los pies, como símbolo de humillación.

Día tras día, los talibanes publicaron decretos que dieron lugar al Estado teocrático más duro del mundo. Se ordenó que las mujeres vistieran burka para salir a la calle. Se les prohibió asomarse al balcón de su casa. Sólo podían salir si iban acompañadas de un *mahram* o pariente próximo. Se les prohibió trabajar. Y en ciertas ocasiones durante el mes de ayuno o Ramadán, sencillamente no se les permitía salir a la calle.

Sólo podían atender a las mujeres enfermas otras mujeres. Las niñas no podían ir al colegio, porque, según los talibanes, los colegios eran la antesala del infierno, el primer paso en el camino de la prostitución. No se permitía a las mujeres reírse, ni siquiera hablar alto, porque eso podía excitar sexualmente a los hombres. Se prohibieron los zapatos de tacón alto, pues también se declaró provocativo su sonido. Se prohibieron los cosméticos y el esmalte de uñas. Las mujeres que no respetaran esos edictos serían golpeadas, flageladas e incluso condenadas a muerte por lapidación.

Cerraron los baños públicos. Se ordenó a los hombres que se dejasen crecer la barba. Prohibieron la música y la televisión, y también los juegos, incluidas las cometas. ¿Podía haber algo más inocente, me preguntaba yo, que un niño jugando con una cometa?

Todo eso me parecía obra de un puñado de criminales ignorantes que ni siquiera sabían escribir su nombre.

No tardamos en enterarnos de que los talibanes habían incluido en una lista de condenados a muerte a todas las mujeres de la RAWA. Leí artículos en el periódico en que los dirigentes talibanes nos llamaban infieles, espías de la CIA, prostitutas que lo único que querían era salir a la calle y acostarse con los hombres. Los dirigentes talibanes juraron que ejecutarían de inmediato, sin juicio, a todas las mujeres de la RAWA que encontraran en la calle, porque tenían que borrarnos de la faz de la tierra. La lista negra que sabíamos que existía contra nosotras durante el régimen de los muyahidines se hizo oficial con los talibanes.

Sabíamos que no podíamos contar con la protección de las autoridades paquistaníes. La primera ministra Benazir Bhutto aceptó la conquista de Kabul por parte de los talibanes, declarando que sería un éxito que consiguieran la unificación de Afganistán.

Cuanto más se agravaba la situación en Afganistán, más vital me parecía el trabajo de la RAWA. Era lo más importante de mi vida, más que ninguna otra cosa y que ninguna otra persona; más importante incluso que la abuela.

Mi amiga Mariam demostró una abnegación admirable el día de su boda en Islamabad. Volvió directamente del trabajo con la ropa de la oficina, se casó y se sentó con nosotras y con su suegra a compartir una comida corriente de arroz con pollo. Apenas había empezado a comer cuando sonó el teléfono. Era una llamada de la RAWA. Le pidieron que acudiese de inmediato a otra ciudad, que quedaba a tres horas de viaje.

Mariam se despidió de su esposo sin vacilar, le dijo que tardaría dos días en volver y se marchó. Él no protestó. Su suegra guardó silencio, aunque su expresión era hosca. Nos sentamos de nuevo para seguir comiendo y ella empezó a desahogar su mal humor con nosotras.

–Es extraño que la novia deje a su marido el día de la boda, ¿verdad? –nos preguntó, con una sonrisa fría–. Me parece que la RAWA tiene unas normas muy especiales, que no existen en ningún sitio del mundo, ni en Oriente ni en Occidente. Unas normas tan asombrosas que no tengo ni idea de la filosofía en que se basan.

Intercambié miradas con mis compañeras. Me di cuenta de que estaban conteniendo la risa igual que yo.

La suegra volvió a la carga pocos bocados después:

–Esta noche quizá no signifique mucho para vosotras, pero a mí me parece muy importante –dijo.

Volvimos a mirarnos. Seguimos en silencio.

Pero la mujer estaba decidida a seguir provocándonos hasta que reaccionáramos.

–Es estupendo pertenecer a esa asociación; aunque, la verdad, nunca creí que el compromiso político significara que una novia pudiera dejar a su marido la noche de bodas sin pedirle permiso siquiera.

Ya no pude contenerme.

–No me parece bien que digas esas cosas –le dije–. Todas te respetamos, pero Mariam tiene una tarea que hacer. No ha ido a divertirse. Deberías estar orgullosa de ella en vez de criticarla.

Defendí a Mariam como si me estuviera defendiendo a mí misma, pues estaba segura de que yo habría hecho lo mismo que ella. En realidad, no he tenido nunca vida privada, y no lo lamento en absoluto. No veo en mí nada hermoso que pueda atraer de una forma especial a ningún hombre. Nunca he soñado con que me mire un hombre ni me he enamorado. Y no me siento triste por no haber conocido el placer físico con un hombre. Nunca me ha parecido muy importante, no he tenido tiempo para pensar en ello.

Sólo podré pensar en el matrimonio si algún día hay paz en mi país, y una democracia en que los hombres respeten a las mujeres. Para mí es importante que el hombre con quien comparta mi vida me respete y respete lo que hago. Mi padre fue ejemplar en eso, porque respetaba a mi madre y respetaba su trabajo.

Cuarta parte

LA CIUDAD SILENCIOSA

Doce

No me gustaba la tienda ni me gustaba el tendero, pero lo que más detestaba era la prenda de ropa que me veía obligada a comprar. Había ido al bazar a comprar un burka y pasé el mínimo tiempo posible en la tienda que tan orgullosamente los exhibía en el escaparate, como si fueran la última moda. Pensé que parecían repulsivos fantasmas durmientes. Vi uno de color azul (el color más corriente) que me pareció de mi talla y me lo probé sobre la camisa y los pantalones. Era el más barato, de poliéster.

–No veo nada. Voy a caerme en la calle con esto –le dije quejosa al vendedor, mientras me debatía con la pesada tela.

Lo había tenido puesto un momento y, con el calor de junio, ya estaba sudando.

–No te preocupes. Con un poco de práctica, no tendrás ningún problema –repuso él.

Me quité el burka y pagué las cinco rupias que costaba al tendero. Él lo dobló bien y lo metió en una bolsa de plástico. Salí de la tienda a toda prisa. Me sacaba de quicio tener que dar dinero por algo que aborrecía. De buena gana hubiera prendido fuego a la tienda. Pero hubiera sido peligroso incluso decirle al tendero lo que pensaba de sus artículos. Podía haberse puesto a discutir conmigo y llamar la atención de una patrulla de policía.

No tenía la menor intención de practicar, como me había aconsejado. Sabía que iba a tener muchas oportunidades de acostumbrarme al burka muy pronto. Era el verano de 1997 y después de casi tres años en la RAWA, al fin iban a enviarme a una misión a mi patria. Mi trabajo consistiría en averiguar qué se podía hacer para ayudar a algunas compañeras que habían escrito a la asociación a Pakistán explicando que tenían problemas que necesitaban discutir con nosotras. Era demasiado arriesgado exponerlos en las cartas, que enviaban clandestinamente con ayuda de colaboradores. Así es como tuve mi oportunidad.

También tenía que averiguar si podíamos llevar mujeres de Afganistán para que participaran en una manifestación que haríamos pronto en Pakistán. El objetivo era llevar unas mil o dos mil mujeres de Kabul, sin que los talibanes localizaran a ninguna en el viaje de ida ni en el de vuelta.

Tenía que viajar con Abida, amiga y compañera de la RAWA, que era unos años mayor que yo y que ya había viajado antes a Kabul; y con Yavid, un colaborador nuestro de mediana edad, que se pegaría a nosotras como nuestra sombra y que sería nuestro *mahram*.

Yavid se había dejado crecer la barba durante semanas para el viaje a Afganistán. Un conductor nos llevaría en coche hasta la frontera. Aparte de mis compañeros de viaje, sólo conocían nuestra misión otras seis personas.

Me fastidiaba tener que meter el burka en la bolsa de viaje. Los talibanes, que pronto celebrarían el primer aniversario de la toma de Kabul, lo considerarían garantía de mi dignidad y mi honor, pues llevarlo significaba que obedecía el decreto según el cual una musulmana debe observar total *hiyab* o aislamiento de la sociedad.

Más adelante, los talibanes ya no se dieron por satisfechos con ordenar que las mujeres llevasen burka. Decretaron que las hindúes debían vestir burkas amarillos. En Afganistán el amarillo es el color de la enfermedad y del odio, y los talibanes consideraban infieles a todos los miembros de la minoría hindú. Las mujeres tenían que vestir de amarillo lo mismo que los judíos tuvieron que llevar las estrellas amarillas que les impusieron los nazis.

Yo no esperaba ver nada hermoso ni nada que me complaciera durante mi visita a Kabul.

Kabul era un cementerio. El río que da su nombre a la ciudad era frío y turbio y la basura flotaba lentamente corriente abajo. Nuestro minibús se detuvo en la estación de autobuses del centro de la ciudad y ya no pude contener las lágrimas. Era la última hora del día, había oscurecido y los edificios, muchos de los cuales eran armazones vacíos, parecían tumbas.

–Ay, mi precioso Kabul –me susurró Abida al oído; y yo asentí, a pesar de la devastación que veía ante mí.

Los mendigos se arremolinaron a nuestro alrededor en cuanto bajamos del minibús, pidiéndonos limosna. Nunca había visto tantos, eran por lo menos dos docenas. Vi entre las lágrimas a un niño de unos diez años al que le faltaba la mitad del brazo derecho. Supuse que se lo habría arrancado una mina, una de las miles que constituían la herencia de los combates que se habían producido desde la invasión rusa. Nos tendió la mano izquierda y cantó una canción que hablaba de patatas y carne. Él sólo comía pan seco y duro, decía la letra, y no sabía de qué color eran las patatas y la carne. No las había probado nunca. Era una canción melodiosa. Pero yo no tenía dinero que darle.

Apenas nos habíamos alejado unos pasos de los mendigos, cuando nos paró una mujer. Supusimos que era una anciana por su modo de caminar hacia nosotros arrastrando los pies encorvada y por su aspecto frágil. Pero enseguida advertimos que estaba a sueldo de la policía religiosa talibán, que tenía el estrambótico nombre de Amar Bil Maruf Wa Nahi An al-Munkar o Ministerio para el Fomento de la Virtud y la Prevención del Vicio.

Ya me habían advertido sobre aquellas mujeres en Pakistán. Ayudaban a los talibanes a mantener un rígido control de todo el mundo en la calle. Les resultaba más fácil que a los talibanes comprobar lo que podías esconder bajo el burka.

–Enseñadnos las bolsas –nos ordenó la vieja.

Creí que iba a desmayarme de miedo, no podía articular palabra. No sólo pensaba en las publicaciones de la asociación que llevábamos en las bolsas y que documentaban las atrocidades cometidas por los talibanes, sino también y sobre todo en las cartas ocultas en un bolso que llevaba atado a la cintura. Si la anciana descubría alguno de aquellos documentos, nuestra misión en Kabul concluiría antes de haber empezado.

La vieja era analfabeta y no podía entender los documentos. Pero se daría cuenta por las fotos de que era material prohibido y nos denunciaría. No quería ni pensar en el destino que nos aguardaría en una celda talibán.

De pronto oí que Abida le hablaba alegremente a mi lado. Le hablaba en pastún, el mismo idioma que había empleado la mujer.

–Madre, acabamos de llegar de un viaje largo, muy largo –le explicó–. Somos simples muchachas, estamos agotadas, y mi amiga no se encuentra bien. No tenemos nada especial que enseñar, sólo ropa.

Gracias a Abida, la anciana perdió interés por nosotras y nos alejamos de ella despacio, aunque estábamos deseando echar a correr. Tomamos un taxi que nos llevó a la casa donde pasaríamos toda la semana. No me dijeron a quién pertenecía ni lo pregunté.

Llegamos a la casa, y aún no me había quitado el odioso burka, cuando oí un grito y sentí que alguien me daba un abrazo osuno. El abrazo se prolongó hasta que creí que iba a asfixiarme. Tras lo que me parecieron unos minutos larguísimos, al fin me soltaron y pude quitarme el burka. Lo eché a un lado de una patada. Entonces reconocí a Zeba, una de las compañeras más valientes de la asociación. Nos habíamos visto un par de veces en Pakistán. Sabía que era ella quien corría grandes riesgos junto con otras compañeras para conseguir filmar algunos de los peores crímenes perpetrados por los talibanes, incluidas las ejecuciones y los ahorcamientos públicos.

Jamás olvidaré la película de una mujer que llevaba un burka azul claro del mismo color que el mío, arrodillada junto a las marcas de la portería de un antiguo campo de fútbol, mientras un talibán con turbante le apoyaba el cañón del kalashnikov en la cabeza. La mujer intentó incorporarse, pero un mulá la obligó a agacharse de nuevo. Y luego el disparo, y la tierra que levantó el impacto de la bala en el suelo después de atravesar el burka y el cráneo de la mujer.

La mujer ejecutada era madre de siete hijos. Los talibanes la habían acusado de matar a su marido en una riña doméstica. La familia del marido la había perdonado, pero los talibanes decidieron seguir adelante con la ejecución de todos modos.

Habían conseguido filmar otra ejecución más tarde: en medio de una gran multitud, los talibanes emplearon grúas para colgar a dos hombres a un lado de la calle. Los condenados habían sido acusados de cooperar con las fuerzas antitalibanes. Llevaban los ojos vendados, las manos atadas a la espalda y una soga al cuello. Murieron casi instantáneamente en cuanto las grúas los alzaron del suelo. Los dejaron colgados allí todo el día con los pies a la altura de la cabeza de la gente.

Zeba había filmado una *qasas* pública en el principal estadio de Kabul, una degollación sancionada por la religión. Un hombre convicto de matar a dos personas fue obligado a arrodillarse en el estadio, con los ojos vendados con un pañuelo. Le dieron diez minutos para rezar y luego le ataron las manos a la espalda con otro pañuelo. El hermano de una de sus víctimas se acercó luego a él con un cuchillo en la mano. Lo blandió y le cortó la garganta.

Me di cuenta de que no podía imaginar siquiera los peligros que corrían Zeba y otras personas. Sus vidas y la mía eran tan distintas como el cielo y la tierra.

–¡Ya era hora! Creía que no ibas a llegar nunca –me dijo sonriendo.

Zeba tenía unos treinta y cinco años, pero parecía veinte años mayor por las arrugas y las canas. Sin embargo, cuando le pregunté cómo estaba, se limitó a contestar:

–Muy bien. Estupendamente.

Estuve levantada hasta las tres de la madrugada, conversando con Zeba y otras compañeras de la asociación y tomando innumerables tazas de té. Zeba se levantó de pronto y dijo:

–Bueno, a la cama. No deberíamos tenerte en vela así. Necesitarás dormir cuanto puedas. Dentro de dos días cortarán las manos a un hombre en el estadio. Me gustaría que me acompañaras y me ayudaras a tomar fotos.

«Cama» significaba alfombra. Yo estaba demasiado agotada para pensar en lo que me esperaba y me quedé dormida en cuanto me acosté.

Me despertó el ruido que hacían las compañeras preparando el desayuno unas horas después, y por un momento creí que estaba en Pakistán. Luego comprendí dónde estaba y me alegré de haber regresado. Salí al patio a lavarme las manos y cuando vi Kabul a la luz del día, hasta las montañas que había más allá de la ciudad (que de niña me daban la impresión de tranquilidad) me parecieron tristes. Pero el hecho de volver a verlas después de tantos cambios en mi vida me hizo sentirme más fuerte.

No se veía una sola cometa en el cielo. Eso es lo que me pareció más triste. Los talibanes habían acabado con una de las costumbres más antiguas de mi país y habían vaciado el cielo.

Volví a entrar en la casa y me di cuenta de que casi todas las ventanas tenían cortinas negras por el lado de la calle y de distintos colores por el interior. Los talibanes habían decretado que las casas en que vivían mujeres debían tener siempre cortinas negras en las ventanas para que nadie las viera desde la calle. Pero la gente con la que yo estaba había insistido en que hubiera algo de color.

Tuve que ponerme otra vez el burka para poder salir. Como no estaba acostumbrada a usarlo, daba la mano a Abida cuando íbamos por la calle con Yavid. Tenía que redactar un informe, y me llevaron a ver a una mujer cuya hija adolescente había sido violada por un comandante talibán en la calle. Una compañera de la asociación conocía a una parienta suya.

Estábamos ya cerca de la casa cuando oí muy cerca un silbido y una fracción de segundo después sentí una punzada en la mano. Tuve la sensación de que me había mordido una serpiente. Me volví y vi a un talibán con un látigo en la mano.

–¡Prostituta! –me gritó, rociándose de baba la barba grasienta–. ¡Cúbrete inmediatamente y lárgate! ¡Vete a casa!

Llevaba turbante negro y su mirada me pareció extraña hasta que vi que se había dado *surma*, una pintura de ojos espesa y negra, para parecer más agresivo.

Abida se disculpó en mi nombre y me alejó rápidamente de allí. Me explicó que no debía sacar la mano de debajo del burka cuando íbamos por la calle.

–Procura tener cuidado, por favor –me dijo–. Debemos pasar completamente inadvertidas.

Llamamos a la puerta de la mujer a cuya hija habían violado y le dije que éramos de la RAWA y que queríamos ayudarla, al menos con unas palabras de consuelo. Era un mujer menuda y débil, y me sorprendió la intensidad de su reacción.

–Si sois de la RAWA será mejor que os marchéis inmediatamente –repuso ella con brusquedad.

–¿Por qué? Sólo queremos ayudarte –insistí.

–Decís que lucháis por la democracia y por los derechos de las mujeres, pero empleáis métodos completamente equivocados. Si tuvierais un arma para dármela, os dejaría entrar. Eso es lo único que necesito, un arma. Sé quién violó a mi hija. Es un comandante muy poderoso y no tengo otro medio de venganza.

Pensé un momento que si pudiera quitarme el burka, ella me vería los ojos y comprendería lo mucho que deseaba ayudarla. Pero se sentía tan sumida en el dolor que no se me ocurrió nada que decirle. No estaba enfadada con ella, sólo me daba lástima y lamentaba profundamente no poder hacer nada. Confiaba en que con el tiempo cambiase de parecer y accediera a hablar con nosotras.

Miles de mujeres habían sufrido la misma suerte que su hija. En las zonas del centro de Afganistán pobladas por la tribu hazara, los talibanes raptaban a las jóvenes como *kaniz* o criadas, y luego las casaban con los soldados. Era un extraño credo el suyo: podían violar a las mujeres y obligarlas a casarse, pero mataban por lapidación a las mujeres sospechosas de adulterio.

Ningún grupo étnico ha sufrido tanto a mano de los talibanes como los hazaras. Unos meses después de mi primer viaje a Kabul, en septiembre de 1997, los talibanes llevaron a cabo una matanza de hazaras en la población de Qezelabad, al norte del país. Decapitaron a un niño de ocho años y rompieron los brazos y las manos con piedras a dos de doce años, mientras los soldados los sujetaban.

Me sentí frustrada varias veces en Kabul. Fui con Abida y con Yavid al hospital para comprobar los riesgos que correríamos si intentábamos hacer fotos allí y vi a docenas de enfermos jóvenes y viejos tendidos en el suelo de hormigón sucio de los pasillos sin que nadie les prestara la menor atención.

Muchos niños mostraban signos de desnutrición evidentes, tenían la piel de la cara tirante y los brazos y las piernas como palillos. Yo había leído que los padres vendían a sus hijos en la calle porque no tenían con qué alimentarlos, o simplemente se los daban a cualquiera que pudiese proporcionarles una vida mejor. Los lavabos se hallaban en un estado lamentable, había orines y excrementos por todo el suelo. Y vimos más talibanes que médicos en el hospital. Patrullaban los pasillos, abriéndose paso entre los enfermos, con sus turbantes negros y la fusta en la mano.

Las mujeres enfermas lo pasaban peor que los hombres, porque los talibanes no permitían que las atendieran los médicos varones. A su modo de ver, era preferible que una enferma muriese a que la atendiera un hombre. Si se negaba a permitir que la tocase un médico varón era indudable que iría al cielo. Si dejaba que la atendiera, se condenaría al infierno. No hay nada en el Corán que justifique semejante idea, por supuesto.

La única mujer con quien conseguí hablar en el hospital me contó que no podía comprar la medicación que necesitaba porque le prohibían trabajar, y que llevaba varios días esperando que la viera una doctora. Y no tenía más remedio que esperar, porque no quedaban suficientes doctoras en Kabul. Muchos médicos, tanto hombres como mujeres, se habían marchado de Afganistán durante la ocupación rusa para procurarse una vida mejor en otro lugar: Pakistán, Irán u Occidente; y con los muyahidines y los talibanes se habían marchado muchos más. No había mujeres que ocupasen su lugar porque los talibanes habían prohibido que las mujeres estudiaran medicina o lo que fuera.

Yo había conocido en Pakistán a una cirujana que se había marchado de Kabul. Me contó que cuando estaban los muyahidines se había visto obligada a operar a la luz de las velas durante los bombardeos porque no había electricidad, y que sus turnos duraban hasta veinticuatro horas seguidas. Había estado embarazada y había perdido al bebé por pasar tantas horas de pie en la sala de operaciones. A pesar de ese sacrificio, se avergonzaba de haberse marchado de Afganistán.

Abida fingió trastornos renales y consiguió hablar con una de las pocas enfermeras que trabajaban allí. Pero sólo pudo hacerle algunas preguntas sobre el centro, porque enseguida empezó a desconfiar. Sería muy peligroso hacer fotografías en el hospital.

Pocos días después descubrí que los talibanes no vacilaban en usar los látigos contra los enfermos incluso en el hospital. Iba caminando por la calle cuando vi a una mujer sentada en medio de una vía muy transitada, rodeada de una pequeña multitud. Había intentado suicidarse tirándose entre el tráfico.

–¡Dejadme morir! ¡Dejadme morir! –repetía una y otra vez.

Tuvo suerte de que no hubiera un talibán cerca, porque seguramente la habría golpeado.

Conseguí hablar con ella luego en un sitio más tranquilo y me explicó que su madre tenía asma y había ido al hospital a que la atendieran. Al poco rato de llegar, le había dado un ataque de asma y se había quitado el burka para respirar mejor. Un talibán había irrumpido en la sala y le había dado cuarenta latigazos mientras ella se quedaba mirando sin poder hacer nada. Las enfermeras no habían intervenido para impedir que siguiera golpeando a la enferma. La hija, que tenía veinte años, me explicó así por qué había intentado suicidarse:

–¿Qué sentido tiene vivir si ni siquiera puedo ayudar a mi madre que está enferma? –me preguntó.

Pensé en la abuela, en los ataques de asma que le daban y en cómo habría reaccionado yo si me hubiese visto en el lugar de aquella joven.

Fue uno de los peores momentos de mi visita a Kabul, y por primera vez me sentí abatida. El burka no sólo anulaba a las mujeres mentalmente, sino que también podía contribuir a su muerte física.

Advertí más indicios de los efectos que la guerra y los talibanes habían producido en el estado mental de la población. Solía ver por la calle a personas que actuaban de forma extraña. Algunos hombres vagaban sin rumbo, con la mirada perdida. Vi a uno que no paraba de hablar solo en voz alta, sin tomar aliento siquiera. Otro soltó una carcajada como un loco cuando pasé a su lado. Y, por supuesto, no había médicos preparados para tratar esos problemas.

La única música que oí en las calles de Kabul fueron los cantos de los niños mendigos. Cuando yo era pequeña, se oía música en las tiendas y en los coches. Pero entonces sólo se permitía poner en los coches música religiosa, que se prolongaba infinitamente, sólo una voz, sin melodía.

Ése era también el sonido dominante e hipnótico que emitía la Voz de la Sharia, la emisora de radio oficial, donde no se permitía hablar a las mujeres. La única excepción fue un programa al que llamaban por teléfono los oyentes, y que constituía una innovación insólita en la historia radiofónica de los talibanes. Los oyentes varones podían hacer preguntas a un grupo de mulás, exclusivamente sobre temas religiosos.

El programa no salió según lo planeado. Un oyente obstinado, que dijo que era de un pueblo pequeño, insistió en preguntar cómo podía decidir cuál era el superior de los dos mulás del lugar. No le convenció la respuesta: «El que conozca mejor el Corán». Ni tampoco: «El que sea mejor musulmán». Siguió preguntando cómo podía diferenciarlos, hasta que uno de los supuestos expertos le explicó que debería averiguar cuál de los dos tenía la esposa más bella. Entonces cortaron la comunicación con el oyente. En mi vida he oído un programa más absurdo.

Zeba me contó que sólo podía escuchar sus cintas de música antes de acostarse, y que tenía que ponerlas lo más bajo posible, por miedo a que los vecinos la denunciasen si oían el sonido ofensor.

Antes había fotografías de los cantantes más famosos en todas las tiendas, pero habían prohibido las fotos. Y también la televisión. De todos modos, comprobé que, en algunas casas que visité, la gente no sólo tenía televisor, sino también antenas parabólicas de fabricación casera en el patio para poder ver canales extranjeros. Si alguien llamaba a la puerta, las tapaban con una sábana. Sólo podían conectar normalmente un canal paquistaní o indio, pero eso les abrió un nuevo mundo. Los más hábiles técnicamente conseguían captar la CNN y la BBC World. Gratuitamente, por supuesto.

Los talibanes hacían registros periódicos en las casas donde sospechaban que había televisores. Pero no siempre eran tan estrictos como parecía. Una vez, sorprendieron a una familia viendo una película india en vídeo. Los sacaron a todos de casa y les azotaron públicamente en la calle, gritándoles que era antiislámico ver semejantes películas. Luego los dejaron en la calle y ellos entraron de nuevo. Cuando la familia se atrevió al fin a volver, los encontraron sentados ante el televisor viendo la película, que aún no había acabado. Los talibanes aceptaron un soborno de la familia y no los detuvieron.

Trece

Zeba fue a buscarme un día por la mañana.

–Vamos, te necesito –me dijo–. Tenemos que fotografiar la amputación de manos.

La Voz de la Sharia había anunciado el día anterior que cortarían las manos a un ladrón en el estadio Gazi, instando a la población a ir a presenciarlo. Fuimos en coche con varias compañeras de la RAWA de Kabul a lo que había sido estadio de fútbol hasta que los talibanes prohibieron todos los deportes.

Íbamos en coches propios. Los talibanes habían ordenado que hombres y mujeres viajaran en distintos autobuses, pero si lo hubiéramos hecho, luego no habríamos podido encontrarnos. Mis compañeras me habían contado el caso de un matrimonio que se había visto obligado a separarse para ir a una boda cada uno por su lado. Al cabo de dos horas se encontraron por fin y empezaron a discutir delante de todo el mundo en la calle. Luego se dieron cuenta del aspecto cómico de su desgracia, y, como ya era demasiado tarde para asistir a la boda, decidieron olvidarse de ella y volver a casa a acostarse. En este país, decían mis amigas, no tienes libertad ni para ir a una boda.

Sonreí, aunque no me hacía ninguna gracia. No conseguía ver el lado cómico de las historias sobre la vida en Kabul tal como era entonces. Comprendía que ellas adoptaran una actitud distinta, porque estaban encerradas allí. Necesitaban reírse. Pero yo sólo pensaba que la norma que prohibía a las mujeres salir a la calle sin un acompañante varón suponía una verdadera tragedia para muchas viudas de guerra. Significaba que no podían salir a la calle, y no les quedaba otro medio de vida que recurrir a la prostitución o mendigar en las calles, arriesgándose a que un talibán las golpeara.

Vimos patrullas de talibanes cerca del estadio que ordenaban a los tenderos cerrar los establecimientos y acudir a presenciar el acto. Me soprendió ver que algunas mujeres llevaban a sus hijos pequeños con ellas.

–Quieren que los niños vean lo que les sucederá si alguna vez roban algo –me explicó Zeba–. Creen que asustarles es un buen método educativo.

Ya se había congregado en el estadio una gran muchedumbre cuando llegamos. Esperaban tranquilamente. Nos dirigimos a la zona de las mujeres, que quedaba enfrente de la reservada a los hombres. Las porterías del campo seguían en pie. Me habían contado que los talibanes a veces colgaban de ellas a los condenados.

Entró en el campo un convoy de jeeps a toda velocidad; serían unos doce. Bajaron de ellos hombres con turbante y algunos con armas en la mano. Condujeron al centro del campo a un hombre y le hicieron tumbarse boca abajo, con los brazos extendidos en forma de cruz. Conté por lo menos a cinco talibanes que sujetaban al prisionero. Uno de ellos le ató los pies mientras otro le agarraba del pelo y le alzaba la cabeza.

Un mulá se dirigió a la multitud por un micrófono. Habló del pecado y del día del juicio.

–Este hombre merece el castigo que está a punto de recibir –dijo–. Todos los que roben serán castigados del mismo modo.

Mientras el mulá hablaba, un grupo de personas que debían de ser familiares del reo suplicaban clemencia, pero los talibanes se limitaron a darles latigazos.

Me fijé en un individuo que esperaba a un lado, y que llevaba la cara cubierta con un pañuelo blanco, por lo que sólo se le veían los ojos.

–Es un médico –me susurró Zeba–. Tiene miedo a que la gente lo reconozca y luego lo maten por ayudar a los talibanes.

Todas las mujeres de la RAWA nos agrupamos en torno a Zeba para que no la viese el público, y ella empezó a sacar fotografías con una pequeña cámara oculta. Procuraba no desperdiciarlas, porque no podía arriesgarse a parar para poner un carrete nuevo, lo cual hubiera llamado la atención hacia nosotras.

El talibán de turbante negro sacó un cuchillo, hincó una rodilla en tierra junto al prisionero y empezó a cortarle la mano derecha por la muñeca.

La sangre cayó al suelo y formó una mancha húmeda. No pude seguir mirando. Sentí un dolor repentino en la muñeca, como si la hoja del cuchillo me estuviera cortando a mí. Creí que iba a desmayarme en cualquier momento y me senté en el suelo entre la gente, que parecía petrificada.

Algunas de las mujeres que me rodeaban empezaron a dar gritos contra los talibanes y contra el médico, que estaba vendando los muñones al reo para contener la hemorragia.

–Algún día os veréis todos donde está ahora ese hombre –oí gritar a una mujer.

–Quiera Alá que vosotros seáis los siguientes –exclamó otra.

Pero procuraban no gritar muy alto.

Los niños que había a mi alrededor se reían y aplaudían. Lo que estaban viendo les parecía un espectáculo tan normal como los partidos de fútbol que veían en la televisión antes de que los talibanes tomaran el poder. Y además, era gratis. Intenté imaginar el futuro de aquellos niños. Si las cosas seguían igual, acabarían siendo criminales despiadados. Pensé lo extraño que era que aquellos niños tuvieran libertad para reírse de semejante atrocidad mientras que a mí, por ser mujer, me estaba prohibido reírme en los lugares públicos.

Al poco tiempo hubo otra amputación de manos y después Zeba sacó una foto a un niño que sonreía de oreja a oreja, alzando las manos cortadas de un hombre que había cogido de un árbol donde los talibanes las habían colgado. El niño estaba jugando con un amigo. Habían estado tirándose uno a otro los trofeos en la calle y riéndose.

Todavía guardo esa fotografía. Admiro a Zeba por habérsele ocurrido enfocar la cámara hacia aquel muchacho: había encontrado a alguien que se sentía tan orgulloso y contento de que le hiciesen una foto que nunca la habría denunciado. Y compadezco al chico por sentirse importante al ver que Zeba le fotografiaba y por no comprender que lo que estaba haciendo era una monstruosidad.

Me sentí impotente en el estadio. Sentí el impulso de acercarme al hombre y ayudarle, pero no había nada que yo pudiera hacer.

Las mujeres del estadio habían hablado en voz baja, pero al menos se habían atrevido a criticar a los talibanes.

El desafío más enérgico a la autoridad talibán que presencié fue obra de una mujer con la que me tropecé cuando cruzaba el mercado del centro de Kabul acompañada por un colaborador de la RAWA que se hacía pasar por mi *mahram*. La mujer estaba delante de un puesto de hortalizas, y tendió la mano para pagar lo que había comprado. En aquel preciso momento, apareció una patrulla de talibanes en un jeep con una bandera blanca.

La llegada de esas patrullas solía provocar una oleada de pánico. Las mujeres que no iban acompañadas se volvían entonces al primer desconocido y le prometían pagarle lo que fuera para que fingiera que iba con ellas. «Sé mi hermano, por favor», le suplicaban. Era una solución peligrosa, porque, si las descubrían, los talibanes las golpeaban a ellas y también a los falsos hermanos.

Aquel día, un talibán (parecía un adolescente) saltó del coche, se dirigió hacia la mujer y le dio un latigazo en el brazo. La mujer, que no se había fijado en la llegada de la patrulla, había quebrantado la norma que prohíbe a las mujeres tener contacto directo con los tenderos, por lo que debe acompañarlas un *mahram* que les compre las cosas. Pero aquella mujer no se amilanó, sino que se volvió hecha una furia hacia el talibán.

–¿Soy lo bastante mayor como para ser tu madre y te atreves a golpearme? ¿No te da vergüenza? –le gritó.

Estaba tan furiosa que incluso se atrevió a quitarse el burka y tirárselo a los pies.

–Toma, ¿por qué no te lo pones tú? –le dijo, burlándose de él. Era una mujer alta y fuerte. Calculé que tendría unos cuarenta y tantos años. Su agresor se quedó tan sorprendido que no supo cómo reaccionar. Nadie le había preparado para enfrentarse a aquel tipo de resistencia. Sólo le habían enseñado a golpear a las mujeres. Se marchó avergonzado. Tras semejante victoria, la mujer recogió el burka, volvió a ponérselo y siguió comprando. Me maravilló su valentía.

Vi otros signos de rebelión más discretos durante mi visita a Kabul que me reconfortaron. Eran insignificantes, pero me demostraron que la gente seguía viva.

Muchas mujeres se aferraban a su feminidad, a pesar de que los talibanes se empeñaran en aplastarla. Conocí a algunas jóvenes que se maquillaban y se perfumaban y que iban a salones de belleza clandestinos. Esos salones eran especialmente populares entre las novias que querían embellecerse cuanto les fuera posible, incluso bajo el régimen talibán. Los cosméticos estaban prohibidos, pero en las tiendas seguían vendiéndolos. Incluso algo tan insignificante como pintarse las uñas, prohibido por los talibanes, podía suponer un castigo terrible. Me asombré al ver que la hija de una compañera de la asociación se estaba pintando las largas uñas con esmalte de color rosa fuerte.

–Pero ¿no es peligroso? –le pregunté con voz entrecortada.

–¿Y qué quieres que haga? ¿Dejar de vivir por culpa de ellos? Si quieren pegarme que me peguen –me contestó.

Me quedé atónita. Sabía que los talibanes habían cortado la punta de los dedos a algunas mujeres por pintarse las uñas.

Vi muchos ejemplos de dedicación en Kabul, y uno de los que más me impresionaron fue el de Jalida, una profesora que se encargaba de dar clases clandestinas a unos trescientos niños en distintas zonas de la ciudad. El régimen talibán había prohibido la escolarización de las niñas, y decretado que los niños estudiaran sólo el Corán, así que nuestra asociación había organizado aquellas clases para los niños cuyos padres estuvieran dispuestos a arriesgarse por el futuro de sus hijos.

Los talibanes se habían enterado de las actividades de Jalida por sus espías, y le habían advertido que tenía que dejar de enseñar. Ella les prometió que lo haría. Y se limitó a cambiar las clases a otro lugar. Se arriesgaba a que la ejecutaran si volvían a descubrirla.

Fui a ver a Jalida a una casita de adobe que tenía dos habitaciones y pertenecía a una compañera de la asociación y a su esposo. Ambos formaban parte de la tapadera de seguridad (si los talibanes hacían una redada en la casa, siempre podrían decir que los niños eran hijos suyos). Algunas parejas como ellos tenían que trasladarse de domicilio, más o menos cada cinco meses, para que los niños estuvieran a salvo.

Di la contraseña previamente acordada y me dejaron entrar. El hecho de vestir burkas hacía más necesarias que nunca las contraseñas, porque no podías saber quién era el visitante, mirando por la ventana, cuando llamaban a la puerta.

Jalida estaba dando una clase de lengua persa a cuatro niños cuando llegué. En la zona de Kartayi Parwan, que queda al oeste del casco antiguo, era demasiado peligroso dar clase a más niños al mismo tiempo. Los alumnos tenían de ocho a catorce años y estaban sentados en la alfombra. Les habían ordenado que si alguien se lo preguntaba, dijeran que iban a visitar a su tía, nunca a su profesora. Sus padres los acompañaban a la casa a distintas horas y nunca les explicaron qué era la RAWA, y mucho menos que tuviera algo que ver con las clases.

No podían ponerles deberes, por si los sorprendían con ellos. A los niños afganos les permitían llevar un fusil kalashnikov, pero deberes escolares, no.

Jalida había tomado la precaución de escribir en el encerado apoyado en una de las paredes húmedas y sucias: «Empiezo con el nombre de Alá», porque Alá era la primera palabra que aprendían los niños en las escuelas de los talibanes. Un niño había escrito debajo: «Amo a mi país».

Jalida había colocado un ejemplar del Corán bien visible abierto delante de ella. Cuando la clase acabó, me explicó que siempre lo tenía así para poder deslizar debajo el libro de lengua persa o de matemáticas que estuviera usando si aparecía de pronto un talibán, y simular que los niños estaban estudiando el Corán, que sí estaba permitido.

Jalida estaba agotada y me asedió con su lista de peticiones.

–Necesitamos una casa más grande para poder enseñar a más niños. ¿Sabes lo que me dicen los niños? «Tenemos hambre y nos hace tanto ruido el estómago que no podemos entender la lección.» Tengo que interrumpir la clase e ir a buscarles un poco de pan. ¿No podría pagar la asociación la comida y la ropa de los niños? Y también necesito dinero para comprarles material, porque sus padres no pueden. No sabes cuántos niños dejan de venir a las clases sólo porque sus padres no pueden comprarles bolígrafos y papel. ¿No podríais pagarlo vosotras?

Estaba tan angustiada que empezó a gritar y a golpear la alfombra con la palma de la mano. Le pedí que bajara la voz, porque nos arriesgábamos a que nos oyeran los vecinos. Se tranquilizó.

Me dio mucha pena.

–Lo preguntaré y a ver qué me dicen. Pero tienes que comprender que no se trata sólo de material para tus alumnos. Habría que proporcionárselo a los de todas nuestras aulas de Afganistán –le dije.

Los niños de Jalida no eran ni una gota en el océano, pero eran el futuro de Afganistán. Más adelante pude enviarle buenas noticias: la RAWA no podía permitirse pagar el vestido y la comida, pero accedió a pagar el material escolar de los niños que asistían a sus escuelas clandestinas en todo Afganistán, y además le encontramos dos nuevas casas.

Catorce

No he vuelto a ver mi casa nunca. Ni a ninguna de las personas que conocía de pequeña en Kabul. Una vez que Abida, Yavid y yo íbamos a una reunión, me di cuenta de que estábamos cerca de mi barrio y pedí al conductor que tomara la vía principal, desde donde podría ver mi calle. Le pedí que fuera despacio al acercarnos.

Pegué la cara a la ventanilla, pero el calado del burka me impedía ver bien. Habían bombardeado muchos edificios de la calle y cerrado casi todas las tiendas que aún seguían en pie. No había niños jugando en mi calle, ni gallinas ni cabras. Y no pude localizar la puerta azul de mi antigua casa.

El conductor me preguntó si quería que parara el coche para bajar. Lo había adivinado. Estuve tentada de hacerlo, pero le dije que no. No quería verla entonces. De todos modos, no le había pedido las llaves a la abuela. «Tal vez algún día –pensé–, si vuelve la paz, volveré a ver mi casa.»

Zeba me dijo con una sonrisa cuando nos despedimos antes de macharme de Kabul:

–Me alegra que nos hayamos visto, porque tal vez no haya otra ocasión.

Procuré sonreír, pero me costaba trabajo.

–No digas esas cosas. Claro que volveremos a vernos –repuse.

–Bueno, es la verdad. Debes estar preparada para que no te pille de sorpresa si me detienen –me dijo.

Nos abrazamos antes de ponerme el burka. Yo sabía que tenía razón, y pensé en ella y en lo arriesgado que era su trabajo durante casi todo el viaje de vuelta. Me sentía tan mal, tan agotada y tan triste cuando cruzamos de nuevo la frontera de Pakistán, que no me molesté en quitarme el burka. No me lo saqué hasta que llegué a casa.

Cuando me miré en el espejo vi que tenía en medio de la frente algo que parecía la marca de una jaula. Comprendí que cuando me había dormido durante la última etapa del viaje, el calado del burka se me había subido sobre la cara y me había dejado la marca en la piel. Ésa fue la única señal que me dejó en el cuerpo mi viaje a Kabul, pero tenía el corazón herido.

He regresado varias veces a Kabul en los años transcurridos desde aquella primera visita. Y cada vez me impresiona más lo absurdo de la vida bajo el régimen talibán. Una vez, iba por la calle y un hombre empezó a preguntarme qué clase de hortalizas debía comprar. Pensé que estaba loco, pero luego me di cuenta de que me había confundido con su mujer. Llevaba un burka del mismo color que el de ella, que se había parado a mirar algo.

Incluso una cosa tan rutinaria como tomarse un helado se había convertido en una tarea ridícula. Solamente algunos establecimientos accedían a vender helados a las mujeres, porque a los propietarios les preocupaba que apareciera una patrulla talibán y los golpeara por permitir reunirse allí a las mujeres. Las amigas me contaron que no había sillas para que se sentaran ellas y que tenían que quedarse de pie, apartándose el burka de la cara con una mano e intentando tomar el helado con la otra bajo la tela. Dijeron que parecían pájaros bobos de pico largo. Se quejaban de los talibanes mientras procuraban tomar el helado lo más deprisa posible, porque se deshacía rápidamente y les manchaba los burkas. No es nada fácil lavarlos, ya que hay que planchar todos los pliegues, así que las mujeres suelen limpiar sólo la parte de delante de la boca.

Durante una de mis visitas a Kabul, estaba haciendo furor la película *Titanic*, hasta el punto de que habían puesto ese nombre a un corte de pelo masculino. Circulaban por la ciudad vídeos clandestinos y los muchachos iban al peluquero y le pedían un «corte Titanic» a lo Leonardo DiCaprio. Pero un mulá talibán predicó contra DiCaprio y contra Kate Winslet, diciendo que habían pecado contra el islam por tener relaciones físicas antes de casarse. Decretó que el *Titanic* se había hundido porque Alá estaba enojado con los amantes por su comportamiento. Los talibanes creían que el iceberg fue el medio adecuado de imponer el castigo. Pero tenían algo más reservado a los actores: si DiCaprio y Winslet llegaban a poner alguna vez el pie en su país, los lapidarían.

Mientras tanto, los talibanes decidieron castigar a cualquier muchacho que hubiera pecado haciéndose un corte de pelo Titanic. Cuando sorprendían en la calle a un infractor, le llamaban silbándole como si fuera un perro. Luego se burlaban de él. «Eh, buen mozo –le decían, tirándole del pelo con fuerza–, ¿qué peinado es éste? Nos gusta mucho. ¿Así que quieres ser actor del cine infiel?»

Alguien sacaba entonces unas tijeras y empezaban a contar el pelo al chico. Luego lo mandaban a casa, con el pelo hecho un desastre. Y tenía suerte si conseguía salir del paso sin unos buenos latigazos.

Pero la oposición de los talibanes no impidió que los vendedores de los puestos del mercado del centro de Kabul gritasen: «¡Compre aquí sus manzanas Titanic!», o «¡Se venden coles Titanic!». Y pusieron de nombre Bazar Titanic a un mercado que se trasladaba un tiempo durante el verano al lecho del río Kabul cuando casi no llevaba agua. Nada que hiciesen los talibanes podía aplacar la pasión de la gente por una historia de amor eterno, en un país donde los matrimonios impuestos eran la norma.

La ridiculez de los talibanes no tenía límites. Cuando estalló en Estados Unidos el escándalo de Monica Lewinsky, un mulá de una mezquita de Kabul ni siquiera pronunció bien el nombre en las condenas que formuló contra su conducta pecaminosa. Insistía en llamarla «Mónica Güisqui». En su opinión, había cometido un doble pecado, pues no sólo se había comportado impúdicamente con el presidente de Estados Unidos, sino que incluso su apellido constituía una ofensa al islam, pues era el mismo que el nombre de una bebida prohibida.

No le decía nunca nada a la abuela de mis viajes a Kabul antes de marcharme. Sólo se los mencionaba después. Cuando le di la noticia al regresar del primero, su incredulidad dio paso a la indignación y luego al alivio.

–Hiciste bien en no decirme nada antes de irte. ¡Si lo hubieras hecho, nunca te habría dejado marchar!

Mi muñeca Mujda vivía con la abuela. Estaba tan guapa como siempre, aunque un poco más sucia, con los colores algo más desvaídos. Era culpa mía. La estaba olvidando.

La abuela me dio entonces un camisón blanco que había sido de mi madre. Ella se lo había llevado de Kabul y me dijo que quería que yo lo tuviera.

Ni siquiera en Pakistán estábamos a salvo del largo brazo de los talibanes y de sus partidarios. En abril de 1998, un año después de mi primera misión en Kabul, organizamos una manifestación en Peshawar (con una temperatura de 39,5 °C) que acabó de forma violenta, aunque no por culpa nuestra.

De repente, empezaron a salir de una madraza o escuela islámica los estudiantes barbudos, que cruzaron la calle y corrieron hacia nosotros empuñando palos y porras y con las caras crispadas por el odio. Los hombres de los turbantes blancos arremetieron contra nosotras mientras gritábamos nuestras consignas a favor de los derechos de las mujeres y contra las matanzas, torturas y violaciones de mujeres cometidas bajo el régimen talibán en Kabul.

Yo nunca había visto manifestaciones en Kabul, ni cuando estaban los rusos ni después. Recuerdo que mi madre había intentado explicarme una vez lo que era una manifestación y que no comprendí del todo lo que quería decir. Soraya nos había hablado en las clases de las muchas manifestaciones en que había participado en Pakistán.

–Extraño, ¿verdad? –nos dijo–. Allí estaba yo, con la cara oculta para que nadie me reconociera, pero gritando consignas contra todo lo que representa el burka.

Para la manifestación de protesta en la ciudad de Peshawar llevaron en coche a varios centenares de mujeres de la RAWA y colaboradores de la asociación, hombres y mujeres, a los lugares próximos a la calle en que se había convocado. Quedaba en una zona en que trabajaban y vivían muchos afganos. Acudieron incluso algunas mujeres desde Afganistán para participar en la protesta. No desplegamos las pancartas y enseñas con el símbolo de la asociación y nuestras consignas hasta que no llegamos a la calle.

–¡Abajo el fundamentalismo! –gritábamos–. ¡Los derechos de las mujeres son derechos humanos! ¡Viva la democracia!

Los gritos de los manifestantes de las primeras filas no tardaron en adquirir de pronto un tono más desafiante. Yo iba andando con Saima, al final de la manifestación. Supe que pasaba algo cuando vi abrirse paso entre la multitud a una veterana de la RAWA, que llamaba a un colaborador.

–¡Hay un problema delante! –le gritó–. ¡Reúne a todos los hombres que puedas y ven enseguida con ellos, rápido!

Siempre íbamos preparadas por si surgían problemas. Tanto las mujeres de la asociación como los hombres que nos apoyaban teníamos palos a mano por si nos atacaban. Y la RAWA siempre aportaba algunas enfermeras.

Quise averiguar por mí misma lo que pasaba. Saima y yo nos abrimos paso entre la multitud.

Los estudiantes de la madraza, a quienes el mulá había azuzado contra nosotros como perros, estaban dando latigazos y patadas a diestro y siniestro. Algunos intentaban apoderarse del estandarte de la RAWA, pero las mujeres que lo sostenían eran grandes y fuertes y no lo soltaron. Habían hecho un gran desgarrón en la tela y las mujeres tenían cortes en la cara y en las manos.

Saima y yo hicimos lo que pudimos para ayudarlas. A mí me dieron muchos golpes y yo también di algunos. Vi a una amiga con un brazo que le colgaba del hombro de una manera anormal. Lo tenía roto, pero seguía luchando con el brazo sano.

Oí que me llamaba Zohreh, otra compañera de la asociación. Estaba medio tendida medio sentada en el suelo, con una mano sobre el vientre de embarazada. Respiraba con dificultad. Vi que tenía sangre en los pantalones y supuse que la habían herido en las piernas.

La llevamos a una tienda próxima y pedimos una ambulancia, confiando en que pudiera abrirse paso entre la multitud. No conseguimos localizar a las enfermeras de la asociación e intentamos proporcionarle cierto alivio abanicándola con un periódico y dándole agua.

Luego supe que había perdido el bebé. Me contaron que otras compañeras de la RAWA le habían pedido que no fuera a la manifestación debido a su estado, pero insistió en que tenía que hacerlo, pues era muy importante para ella.

Así que, no contentos con matar a niños y adultos, los estudiantes de las madrazas que dieron su nombre a los talibanes causaban también la muerte de bebés que aún no habían nacido.

Quinta parte

UN CAMPAMENTO EN EL DESIERTO

Quince

Hacía tres años que había ingresado en la asociación cuando me enviaron a un campo de refugiados, situado en los arrabales de la ciudad paquistaní de Peshawar.

Llegué entre una polvareda tan densa que, aunque llevaba la cara cubierta con un pañuelo, se me llenaron de polvo los ojos y el pelo. Había viajado desde la ciudad con otras mujeres de la asociación, sentada entre los suministros y pertrechos, en la caja abierta de un camión. Hicimos la última media hora del trayecto traqueteando por una carretera sin asfaltar que se adentraba en el desierto. Los coches con los que nos cruzábamos levantaban más nubes de polvo.

Me recibió Amina, la trabajadora de la RAWA en el campo. Tenía tres años más que yo, era alta y delgada y llevaba el cabello, largo y oscuro, recogido en trenzas. Me explicó que había llegado al campo como refugiada, que la había llevado su padre cuando era una muchachita. Su padre había sido vendedor de hortalizas en un mercado de Afganistán hasta que se quedó sin trabajo. Ella había estudiado en la escuela del campo y no había salido de allí desde que llegó.

Me enseñó la casa que íbamos a compartir. Quedaba en medio del campo de refugiados y era una casita de adobe oscuro, muy parecida a la de mi infancia en Kabul; caían de vez en cuando trocitos de adobe del techo, lo mismo que pasaba en mi casa, y se oía el mismo rumor de las termitas abriéndose paso en la mesa y las sillas. Había muchos papeles por todas partes. No había ningún sistema de calefacción. El retrete era un agujero en el suelo en un pequeño cobertizo anejo. Aparte de los papeles, era exactamente el mismo tipo de casa en que vivían los refugiados.

Llevábamos sólo unos minutos allí cuando empezaron a llamar a la puerta los refugiados. La noticia de nuestra llegada se había propagado rápidamente gracias a los niños que jugaban alrededor de las casas, y todos querían darme la bienvenida con un abrazo. Advertí consternada que creían que podíamos influir decisivamente en su vida.

Aquella noche, cuando estábamos sentadas a la puerta de la casa conversando, le dije a Amida que había muchas más estrellas en el cielo de las que se veían en la ciudad. De niña y con la ayuda de la abuela, había intentado muchas veces determinar cuál era la estrella que más brillaba.

–Sí, el campo está tan oscuro que hace que las estrellas destaquen más. Se puede ver todo –me dijo–. Yo suelo pasear por el campo hasta después de medianoche. Siempre estoy mirando al cielo.

–Pero debe ser peligroso pasear tan tarde. Podría acercarse alguien por detrás y...

Amida asintió.

–Es cierto que el campo no siempre es un lugar seguro. Y debemos tener cuidado. Pero no te preocupes por mí.

Quiso cederme su cama aquella noche, pero me negué a aceptarlo e insistí en que me dejase dormir en la alfombra. Coloqué mis libros y el frasquito de perfume que había llevado conmigo en una mesita. Sabía que nunca lo usaría en el campo de refugiados, pero me gustaba verlo allí. Consideré la casa mi hogar desde aquella primera noche.

Al día siguiente por la mañana temprano, vi discurrir por la ventana buena parte de la vida del campamento. Estaba tan concurrida, que parecía un televisor. Las mujeres llevaban en la cabeza vasijas de leche de cabra y gritaban furiosas a los chiquillos que pasaban a su lado corriendo y empujándose unos a otros camino de la escuela.

No tardé mucho en darme cuenta de la infinita compasión de Amina, más de la que tendría yo nunca. Unos días después de mi llegada, se convocó una reunión importante, a la que asistirían compañeras de la asociación de otros campos de refugiados, para un gran debate sobre cuál sería la mejor forma de organizarlos. Estábamos a punto de iniciar la sesión, cuando me di cuenta de que Amina no había llegado, así que salí a buscarla.

El campo de refugiados era inmenso. Había casas de adobe y tiendas de campaña para dos mil familias, y estaba instalado en un desierto, donde no se divisaba ni un matorral ni un árbol. No sabía dónde buscar a Amina. Tardé una hora en recorrer el campo de punta a punta. Caminé y caminé, llamé a una puerta tras otra, pregunté a docenas de personas si la habían visto y envié a los niños corriendo a buscarla. Nadie sabía dónde estaba.

La encontré al fin al otro extremo del campo, con un niño sucísimo en brazos (tan sucio, en realidad, que a mí no se me habría ocurrido ni tocarlo). El chiquillo estaba llorando, tenía el pelo lleno de polvo y los mocos le llegaban a la barbilla.

–¡Pero Amina! ¿Se puede saber qué haces? –le pregunté indignada–. ¿Es que te has olvidado de la reunión? ¡Te estamos esperando!

–¡Vaya, cuánto lo siento! Es que vi a este niño. Sólo tiene siete años y trabaja en la fábrica de ladrillos. Pensaba llevarlo a la tienda para comprarle un dulce –me contestó.

La fábrica que había a la salida del campo de refugiados era un lugar espantoso. Cada día lanzaba sobre el campo una humareda negra debido a los neumáticos viejos que usaban como combustible. Un niño como el que llevaba en brazos Amina se levantaba a las cuatro de la mañana y trabajaba sin interrupción hasta la noche, primero dando forma a los ladrillos y luego llevándolos hasta el horno en los moldes de hierro, derrengado bajo el peso, con las manos arañadas y ensangrentadas, y todo por diez rupias al día. Los adultos cobraban sesenta rupias diarias, menos de un dólar, siempre que trabajasen lo bastante deprisa para hacer quinientos ladrillos.

Niños y adultos trabajaban en el horno incluso los días más calurosos del año, y se cocían lo mismo que los ladrillos. Los trataban como a esclavos. Aquel trabajo reducía su esperanza de vida a la mitad, por el polvo y el humo del horno que respiraban. Los propietarios de la fábrica eran paquistaníes y nunca nos permitían visitarla.

No pude enfadarme con Amina; regresamos juntas, bromeando; yo procuraba por todos los medios que se diera prisa. Siempre la llamo tortuga porque camina muy despacio, casi tanto como la abuela.

Solía encontrar a Amina sentada con las mujeres del campo, escuchando sus historias y llorando. Siempre estaba dispuesta a escucharlas y se implicaba tanto en lo que le contaban que se olvidaba del trabajo que tuviera que hacer aquel día.

La anciana tenía las manos tan frías cuando se las agarré que era como tocar a un cadáver. No dio señal alguna de que advirtiera mi presencia. Tenía la mirada clavada en el suelo, pero no lloraba. Llevaba un pañuelo negro de luto a la cabeza, inclinada hacia un lado. Estaba pálida, tenía los labios amoratados y cubiertos de sangre seca. Sólo movía débilmente el pulgar y el índice, que frotaba lentamente.

Los hombres que habían llegado con ella al campo de refugiados me habían dicho que había perdido a su hijo Nayib. Yo conocía a Nayib. Había vivido y estudiado en el campo de refugiados hasta que se hizo colaborador de la RAWA y empezó a dar clases a los niños. Se había marchado hacía un año a cuidar a su madre a Yakaolang, una población del centro de Afganistán, habitada por hazaras, a quienes tanto odian los talibanes. Yo me había enterado por la radio pocos días antes de la matanza que había tenido lugar allí. Sólo había podido oír una parte de las noticias, porque el aparato de radio es muy viejo. Casi siempre tardamos media hora en encontrar la longitud de onda correcta. E incluso entonces, la señal viene y va. Resulta desquiciante.

No supe qué decir ni cómo reaccionar cuando vi llegar a los primeros refugiados. Serían unas tres docenas, casi todos mujeres y niños. Procuramos hacer lo que podíamos por ellos, pero los adultos estaban aturdidos. Se quedaban sentados con la barbilla apoyada en las manos. Lo habían perdido todo. Y estaban absortos en un mundo propio.

Ni siquiera intenté pronunciar las palabras que suelen decirse a quien ha perdido a un amigo íntimo o a un pariente próximo: «Lo siento y espero que seáis lo bastante fuertes para superar esta tragedia». Eso no significaba nada para ellos, dado su sufrimiento, y era probable que ni siquiera me oyesen.

La madre de Nayib era una mujer escuálida y desaliñada. Estaba sentada inmóvil en un rincón del cuarto. A su lado estaba una joven que se había casado con Nayib dos semanas antes de su muerte. Aún tenía restos de la henna color castaño que se había puesto para la boda en el pelo y en las manos. Me resultaba imposible mirar a la madre, porque no podía dejar de pensar en Nayib, en lo mucho que había estudiado y lo dispuesto a ayudar que se había mostrado siempre.

Me sentía demasiado abrumada para seguir en la habitación, así que salí de allí sin decir nada. Sabía que en aquel momento no tenía la fuerza necesaria para ayudarlas. A veces creo que, aunque me pasara días y días sentada escuchando las historias terribles que tienen que contar los refugiados hasta quedarme sorda, podría volverme loca, pero no cambiaría absolutamente nada de sus vidas. Así que es mejor seguir con mi trabajo. Es preferible demostrarles que trabajamos para ayudarles a prometerles la luna y las estrellas.

Me enteré finalmente de los pormenores de la matanza, que tuvo lugar en enero del año 2001, por una amiga de la asociación que estaba recogiendo los testimonios de los supervivientes para redactar un informe. Yo no participé en ese trabajo. No podía soportar sentarme a escuchar a los hombres que habían sobrevivido describir los fusilamientos, imitando al hacerlo el sonido de las metralletas mientras las mujeres que los rodeaban, y que habían perdido hijos, maridos y hermanos, revivían su calvario. Era el sonido que se habían visto obligadas a escuchar mientras permanecían agachadas en sus casas. A cada descarga, veían mentalmente caer de rodillas a sus hombres.

Creo que el trabajo de entrevistar a los refugiados y redactar los informes para las publicaciones de la asociación es uno de los más duros. Yo soy incapaz de hacerlo. Estoy segura de que nadie se daría cuenta viéndome, porque no manifiesto mis verdaderos sentimientos, pero suceden tantas cosas en mi interior cuando oigo una de esas historias que no sé cómo podría reaccionar y me da miedo.

El comandante talibán que reconquistó la ciudad ordenó a los soldados que detuvieran a todos los hombres y muchachos de trece a setenta años que consideraran antitalibanes. Llevaron a los detenidos a los puntos de reunión, los pusieron frente a los pelotones de ejecución y los fusilaron. Habían matado por el mismo procedimiento a trescientos hombres. Desollaron vivo a un adolescente. Parece ser que con esa matanza pretendían disuadir a la población de volver a cooperar con los enemigos de los talibanes.

Un hombre que se había salvado de la matanza me contó que después de la misma había tomado de la mano a la madre de Nayib y la había sacado de Afganistán.

–No me dirigió la palabra en ningún momento. Ni siquiera me preguntó adónde la llevaba.

Fui a ver a la madre de Nayib tres días después. No me había sentido capaz de hacerlo antes. Me senté a su lado y le tomé el pulso. Lo tenía lentísimo. Su nuera, que tenía diecisiete años, estaba sentada en un rincón y me miraba de vez en cuando.

–Madre –empecé a decirle–, no encuentro palabras para expresar nuestro dolor. Nayib era como un hermano para nosotras. Nos ayudó muchísimo, y tú puedes contar con nuestra ayuda mientras vivamos. Incluso para vengar la sangre de tu hijo.

Yo habría hecho lo que fuera por aquella mujer en aquel momento, incluso empuñar un arma. Estaba ofuscada. No debería haber pronunciado nunca esas palabras. A veces me dominan los sentimientos y los expreso sin poder contenerme. La madre siguió inmóvil. No había rastro de vida en sus ojos. Ni siquiera podía estar segura de que hubiera captado mis palabras.

–Éste es tu hogar ahora, madre. Aquí te cuidaremos. Nayib ya no está con nosotros, pero sus amigos siempre vendrán a verte.

Seguí hablando y hablando, aunque ella seguía sin dar señales de reconocimiento.

Me levanté al fin.

–Perdóname por haber hablado tanto –le dije–. Sé que no es el momento para que me escuches.

No había el menor indicio de que lo hubiese hecho. No hizo el más leve movimiento cuando salí de la habitación. Pero sólo me había alejado unos pasos cuando oí el grito: un grito desgarrador que me golpeó como una bofetada.

–¡Nayib! –gritó la madre–. ¡Me has matado! ¡Has matado a tu madre!

Volví a su lado corriendo. Aquella madre que había permanecido tan tranquila hasta hacía sólo un momento, se había puesto frenética, se golpeaba y se tiraba del pelo, mientras su nuera intentaba tranquilizarla. Pedí que fueran a buscar a un médico, le agarré las manos y conseguí que se sentara de nuevo. Tenía el pulso tan acelerado que creí que no lo resistiría y que se moriría.

Se calmó de pronto, como si toda su energía se hubiera agotado. Me posó las manos en las mejillas para que me inclinara y me besó la cabeza. Yo a mi vez le besé el dorso de las manos.

Al día siguiente me enteré de que se negaba a comer y a beber. Fui a verla para intentar que tomara un poco de leche. Le acerqué el vaso a los labios mientras su nuera le sujetaba la cabeza. Sólo conseguimos humedecerle los labios, una fina capa blanca sobre las costras de sangre seca. Los médicos decidieron alimentarla por vía intravenosa.

No volví a hablar con ella de la muerte de su hijo, pero no podía quitármela de la cabeza, por mucho que me concentrara en los otros trabajos. Entonces volvió a repetirse una antigua pesadilla: sueño que algo o alguien viene hacia mí. Sé que quiere hacerme daño. No puedo gritar ni moverme. Abro la boca, pero no consigo emitir ningún sonido. Las piernas no me responden.

Algo se acerca, pero no sé lo que es. Sólo sé que es negro. Y que se acerca cada vez más.

Me despierto y, como sé que no podré volver a dormir, enciendo la luz y me pongo a trabajar, sea la hora que sea. Casi siempre son las dos o las tres de la mañana. Me inquieta que una noche ese algo de la pesadilla se acerque tanto que me toque.

Hablé con la viuda de Nayib, que no sabía leer ni escribir.

–No te pongas de luto –le dije–. Si quieres demostrar tu amor a Nayib, ¿por qué no haces algo de lo que él se hubiese sentido orgulloso? ¿Por qué no te incorporas a las clases de alfabetización del campo? Él se sentiría feliz si te viera hacerlo.

–Lo intentaré –me prometió.

Empezó al día siguiente. Era el único momento del día que se separaba de su suegra. Era buena estudiante, aunque se preocupaba constantemente por las notas. Les habíamos dado la única habitación libre que quedaba en el orfanato. Hacía tanto calor que tenían que dejar la puerta abierta, cubierta con una cortina para impedir que entraran las moscas y los mosquitos.

Pedimos a las niñas del orfanato que cuidaran especialmente de la madre y que no la asustaran corriendo la cortina con brusquedad. Asimismo, les pedimos que procuraran convencerla de que tomara un vaso de leche con ellas cada día. Empezó a comer poco a poco.

Dieciséis

Creíamos que todo lo habíamos organizado bien. Habíamos asignado a las familias más necesitadas del campo cupones en los que figuraba cuándo y dónde debían acudir a recoger una de las mil quinientas mantas que íbamos a repartir. Cada cupón les daba derecho a una sola manta. Habíamos pedido permiso a los funcionarios paquistaníes para usar un pequeño edificio del campo que les pertenecía. Era perfecto porque estaba situado en un recinto amurallado, que nos permitiría controlar a los refugiados que acudiesen a recoger las mantas. O al menos eso creíamos.

Horas antes de la prevista para iniciar el reparto ya se habían congregado varios centenares de refugiados a la entrada. Amina, unas doce mujeres de la asociación y yo colocamos las mantas apiladas en la habitación principal del edificio y pedimos a los cooperantes varones, que habían venido a ayudarnos por si surgía algún problema, que dejaran pasar a los primeros. Sólo habíamos entregado unas doce mantas cuando oímos gritos fuera.

–¿Por qué dais las mantas a unos y a otros no? –oí gritar a un hombre–. Todos las necesitamos.

–¡Todos necesitamos mantas! –gritó otro.

A los pocos segundos, los hombres que habíamos colocado a la puerta se vieron desbordados y la multitud irrumpió en el recinto y avanzó hacia la casa. Se empujaban unos a otros, los hombres harapientos y las mujeres con burkas o velos cruzaron la puerta y pasaron a la habitación. Los pocos colaboradores varones que estaban con nosotras intentaron echarlos, esgrimiendo bastones para formar una barrera delante de nosotras. Les pedimos que no les pegaran muy fuerte, pero nos dijeron que era la única forma de protegernos.

Los refugiados estaban enloquecidos por la desesperación. Nos empujaron a mis compañeras y a mí contra la pared. Una anciana de cabello blanco sacó su cupón a pocos pasos de mí. Moví la cabeza desvalida, indicándole que no podía hacer nada para darle una manta, y entonces se tiró al suelo, gritando colérica. Algunos hombres intentaron calmarla.

Vi a un hombre y una mujer que se peleaban por una manta tirando cada uno de un extremo.

–¡Mis hijos se están muriendo de frío! –gritó la mujer.

La manta se rompió en dos y entonces empezaron a disputarse los trozos. Al poco rato, volaban por la habitación trozos de manta sobre las cabezas de los hombres y mujeres, que se dedicaron a romper todas las mantas que había; los pedazos de paño y de borra impedían distinguir a los refugiados. Aquello parecía una de las tormentas de arena que azotaban a veces el campo, haciendo invisibles edificios y tiendas y penetrando en nuestra casa y cubriéndolo todo de suciedad y de polvo.

No tuvimos más remedio que escapar de allí. No me enfadé con los refugiados. No podía dejar de pensar que si hubiera estado en su lugar habría hecho lo mismo.

Más tarde vi a la mujer de cabello blanco caminando por el campo de refugiados tapada con un trozo de manta como si fuera lo más valioso del mundo.

Amina parecía agotada aquella noche. Apenas probó el arroz y la verdura de la cena. Estaba muy pálida y había algo extraño en su mirada. Le dije algo y me di cuenta de que no me escuchaba. Se levantó para llevar los platos a la cocina y de pronto se le cayeron de las manos y se desplomó. La miré y vi que se agitaba. Movía la cabeza hacia delante y hacía atrás. Se tiraba del pelo. Tenía mechones en las manos. Comprendí lo que le pasaba: era un ataque de epilepsia. Sabía que debía meterle algo en la boca para que no se mordiera los labios o se ahogara con la lengua. Cogí una cuchara, pero me di cuenta de que tenía demasiada fuerza y no podía dominarla, y tuve que gritar pidiendo ayuda.

Cuando se calmó, se volvió hacia mí y me sonrió. Yo estaba tan nerviosa que intenté bromear sobre lo que había sucedido.

–Me das un susto de muerte y ahora te ríes como si nada –le dije.

Se incorporó.

–Espero no haberte pegado o mordido.

–Creo que lo has hecho a propósito. Sólo querías burlarte de mí –le dije sonriendo.

Antes de quedarse dormida, me habló de su familia. Ya no tenía buenas relaciones con su padre, que había vuelto a vivir a Afganistán hacía dos años.

–Me ha escrito diciéndome que mi madre está enferma, que mis hermanos también están enfadados conmigo y que debo volver y casarme. Mi padre dice que tengo que respetar su autoridad, pero ¿cómo voy a marcharme? Me desespera pasar un solo día fuera del campo –me dijo.

Amina siempre me pide disculpas después de sus ataques y solemos bromear sobre ellos. El peso de las vidas y las muertes de los refugiados es a veces una carga demasiado pesada incluso para ella, que me parece la persona más fuerte del mundo. He procurado convencerla de que vaya al médico, pero entonces me dice que se encuentra muy bien y que no es necesario. Cuando salgo del campo de refugiados procuro llevarle siempre algo de fruta. Una vez, se desmayó estando sola en la habitación en una casa de la ciudad y se quedó con la mano apoyada en un calentador. Cuando la encontró una amiga, tenía quemaduras graves en la piel.

Yo nunca he sufrido físicamente tanto como Amina, aunque a veces me empieza a latir el corazón muy deprisa. Entonces no puedo moverme y siento una presión en el pecho como si alguien me lo apretara con toda su fuerza. Y sudo mucho. Luego, con la misma brusquedad, cambia el ritmo y los latidos van haciéndose más lentos hasta que son mucho más espaciados de lo normal. Me limito a esperar que pase todo.

Una de las enfermedades más corrientes en el campo de refugiados es la malaria, que transmiten los mosquitos que nos asedian día y noche. Yo la he tenido tres veces. La peor fue cuando me disponía a asistir a una reunión en la ciudad y empezaron a temblarme las manos. Había sentido molestias aquel mismo día, pero decidí ir a la reunión de todos modos. Aun así, no podía dominar el temblor de manos. Sentía frío y calor al mismo tiempo.

Mis amigas se dieron cuenta de lo que me pasaba y me taparon con una montaña de mantas, aunque estábamos a principios de verano. Tenía mucha fiebre y empecé a vomitar. Me llevaron al hospital y allí me diagnosticaron malaria. Adelgacé cinco kilos, pero me recuperé enseguida. La malaria es algo habitual en el campo de refugiados, y nuestros médicos siempre tienen enfermos de malaria que atender.

Un día de verano por la mañana, seguí los preparativos de Fátima, una doctora afgana de treinta y tantos años, que se disponía a recibir a sus pacientes; estábamos a 40 °C. El consultorio de Fátima era una silla vieja, colocada bajo el sol abrasador entre dos hileras de casas de adobe. El dispensario era el capó abierto de un coche, junto al que un farmacéutico esperaba para entregar los medicamentos que ella recetara. Su uniforme consistía en un pañuelo que le hacía pasar más calor todavía, pero que debía llevar en la cabeza para no ofender a los refugiados.

La falta de medios no preocupaba en absoluto a las ancianas que habían acudido como hormigas de todo el campamento y esperaban a la doctora en un grupo desordenado. La consideraban una diosa, capaz de cambiar sus vidas.

La primera que se acercó a Fátima era una anciana con la cara tan arrugada y oscura como una nuez. Empezó a hablarle sin que mediara saludo alguno.

–Ayúdame, por favor, hija mía, que estoy enferma –le dijo.

Fátima no se molestó en preguntarle cuántos años tenía, porque en general las ancianas no lo saben. Pero antes de que pudiese averiguar qué le pasaba, ella añadió:

–Estoy muy débil, hija mía. Dame la medicina.

Muchas refugiadas ancianas creen que sólo hay una medicina que cura todos lo males. Fátima tardó un buen rato en averiguar lo que le dolía; y, mientras tanto, iban llegando cada vez más enfermos.

–Me duele todo –repetía una y otra vez la mujer–. Toda la enfermedad del mundo está en mi cuerpo, y me siento muy débil. Dame la medicina para que me ponga fuerte.

Fátima descubrió al fin que tenía insuficiencia vitamínica y proteínica, debido a su dieta, y le dio una nota para el farmacéutico. La anciana le agarró entonces la cabeza con las manos huesudas y la besó durante más tiempo incluso del que había tardado ella en determinar su dolencia. Le dio las gracias una y otra vez, le deseó larga vida a ella y a sus hijos, y seguía dando gracias a Alá por su misericordia cuando una de las trabajadoras del campo se la llevó de allí amablemente.

El farmacéutico tuvo que emplear todas sus dotes de persuasión para convencerla de que no debía tomarse todas las pastillas de una vez y de que podía morirse si lo hacía. Le explicó que tenía que tomarlas tres veces al día, con las comidas; entonces la anciana se le quedó mirando perpleja: ¡ella no hacía tres comidas diarias! Se consideraba afortunada si conseguía hacer una. Así que el farmacéutico le dijo que las tomara a las horas de la llamada a la oración de la pequeña mezquita del campo.

–Toma la primera pastilla después de la segunda oración, madre –le dijo.

Fátima atendía ya a otro refugiado, y había cientos esperando. Sabía que tendría que escuchar no sólo la descripción de sus dolencias, sino también la historia de sus vidas. «Lo he perdido todo, doctora –solían decirle–. Mi hermano ha desaparecido en el combate.»

Y Fátima les escuchaba, porque era ella quien había decidido dejar la bata blanca y un consultorio pulcro y tranquilo en la ciudad y dedicar su tiempo a los pobres y míseros refugiados que la adoran como a una diosa.

Observé a Fátima pensando en los equipos médicos clandestinos que enviaba la RAWA a las zonas más remotas de Afganistán, donde, bajo el régimen talibán, las mujeres morían de enfermedades curables sólo porque no había doctoras que las atendieran. Los equipos llegaban a las aldeas más desoladas, con vehículos normales porque una ambulancia se identifica fácilmente, y procuraban hacer correr la voz de que estaban allí.

Los aldeanos se alegraban tanto de su visita, que cuando entraba en su casa una doctora, un niño le ofrecía siempre un recipiente con agua y una toalla para que se lavara las manos. Era una costumbre muy arraigada en casi todas las poblaciones rurales, aunque tenía poco que ver con la higiene, ya que no usaban jabón. A mí no me gustaba porque era un legado de la época feudal, un signo de sumisión. Los miembros del equipo médico solían dormir en una tienda de campaña. No aceptaban la hospitalidad de los vecinos para no comprometerlos. Espero que algún día podré estudiar y ser doctora también.

Nunca se me había ocurrido que tendría que hacer de carcelera, pero era la única forma de conseguir que las mujeres no se distrajeran en las clases de alfabetización que Amina y yo habíamos organizado en el campo. Colocaba siempre la gruesa cadena en la puerta del aula y cerraba por fuera, porque, sin candado, los niños se colaban cada dos por tres en la clase y se quedaban plantados en un rincón, señalando a sus madres y burlándose del aspecto que tenían sentadas en las sillas pequeñas diseñadas para niños.

Amina y yo nos habíamos pasado semanas recorriendo el campo a última hora de la tarde para encontrar el suficiente número de mujeres dispuestas a asistir a las clases. Procurábamos hablar siempre con ellas a solas para convencerlas antes de que pensaran que tenían que consultarlo con sus maridos, como creían que tenían que hacer. Casi todas se reían de nosotras.

Un día, a las siete de la mañana, llamó a la puerta de nuestra casa una mujer que nos traía un huevo de regalo para el desayuno. Lo aguanté en las manos y noté que aún estaba caliente. Se lo ofrecí a Amina, tendiendo las manos hacia ella, pero lo rechazó. Era un regalo especialmente grato y oportuno, porque solíamos desayunar una o dos rebanadas de pan (no teníamos mantequilla ni mermelada) y un poco de té.

Hicimos pasar a la mujer y le ofrecimos té. Se sentó, pero tardó un buen rato en exponer el motivo de su visita.

–Mi hija asiste a la escuela y he visto lo rápido que escribe. Estoy pensando en ir yo también. Pero me preocupa lo que pensará la gente de que una mujer de mi edad (tengo cincuenta y cinco años) vaya a la escuela cuando debería estar en casa rezando. Tengo el pelo gris. ¿Es vergonzoso que empiece a esta edad? –nos preguntó.

Di una palmada y le aseguré que no debía sentirse avergonzada sino orgullosa.

–Pero mi hija y las otras niñas se reirán de mí –dijo ella.

–Debes intentarlo. ¿Y la vergüenza que sientes al ver escribir a tu hija sabiendo que tú no puedes escribir ni siquiera tu nombre? Escribirás cartas a los parientes y a las amistades. Y alguien se las leerá.

Me ofrecí a acompañarla a la clase, que empezaríamos aquella misma tarde. Ella se presentó, según lo prometido, aunque me explicó que su marido se había burlado de ella, diciéndole que no sabía que se había casado con una gran escritora y filósofa.

Habíamos conseguido reunir a un reducido grupo de valerosas pioneras; poco antes de las cuatro, fueron entrando de una en una en la misma clase en que estudiaban por la mañana sus hijas, sujetándose el velo sobre la boca y tan azoradas como si las hubiesen sorprendido robando el pollo de la vecina.

Algunas no se lo habían dicho a sus hijos, pero la noticia se había propagado y poco después de que Amina empezara a repartir cuadernos, lápices, sacapuntas y reglas, aparecieron algunas niñas que se colaron en la clase y empezaron a reírse de sus madres. Amina me pidió que las echara y que atrancara la puerta para que pudiera continuar la clase.

Las madres tardaron un tiempo en aunar el valor suficiente para pedir a sus hijos que las ayudasen con los deberes. Algunas dieron por terminadas las clases en cuanto aprendieron a escribir su nombre, creyendo que ya sabían todo lo que necesitaban. Conseguimos que siguieran asistiendo, en parte dándoles premios (un poco de jabón, un kilo de arroz) si no hacían novillos.

Considerábamos muy importantes las clases de alfabetización, que no consistían sólo en aprender a leer y a escribir. También eran un medio de enseñarles los diferentes métodos anticonceptivos que estaban a su alcance, e intentábamos convencerlas de que no tuviesen muchos hijos. La vergüenza que sentían muchas mujeres por asistir a las clases de alfabetización no desapareció nunca del todo, pero poco a poco fuimos encontrando cada vez más candidatas. Acudieron a sentarse en las sillitas incluso algunas abuelas. Me sentía orgullosa de ellas. Me parecían más valientes de lo que habría sido yo en las mismas circunstancias.

A veces era más difícil conseguir que fueran a la escuela los niños que sus madres. Una niña pequeña acudía a mí continuamente llorando y diciéndome que su padre (que había sido soldado con los muyahidines) la golpeaba porque no quería que asistiera a la escuela.

Pedí permiso a su madre y fui a ver al padre. Llevaba turbante blanco y adoptó una actitud extraña desde el momento en que abrió la puerta. Me había puesto un pañuelo pequeño en la cabeza, pero él ni siquiera me miró a la cara. Se limitó a dar un paso atrás y decirle a su esposa:

–Hay una mujer en la puerta.

Su esposa, que llevaba un pañuelo grande en la cabeza, me hizo pasar a la pequeña estancia que su marido y ella compartían con seis hijos. En la pared había un paño con una oración a Alá bordada.

Le dije amablemente al padre que había ido a hablar con él de su hija mayor.

–¿Qué quieres? –me preguntó él entonces bruscamente, eludiendo aún mi mirada y sin ofrecerme nada, como era la costumbre.

–Tu hija llora todos los días porque no quieres que vaya a la escuela. Pero tienes que comprender que si amas a tu hija debes dejarla estudiar. Si no permites que ella ni ninguno de tus hijos estudien, no sólo echarás a perder su futuro sino también el vuestro –le dije.

Era como hablar con la pared de adobe que había detrás de él.

–Pero yo soy musulmán –replicó–. Y quiero que mis hijos también sean buenos musulmanes. ¿Por qué no les enseñáis sólo el Corán? ¿Por qué les enseñáis también todo lo demás? Sois infieles y yo no quiero que mi hija se haga también infiel.

Pensé en las madrazas de las que me había hablado la abuela en mi infancia en Kabul y últimamente en Peshawar, donde sólo enseñaban el Corán, y de las que habían surgido los talibanes.

–Las familias que envían a sus hijos a la escuela del campo también son buenos musulmanes. A los buenos musulmanes se les permite estudiar otras cosas además del Corán –repuse yo.

Me sentía cada vez más irritada, no sólo por sus palabras, sino también por el hecho de que no apartaba la vista del suelo, como si yo fuera demasiado repulsiva para mirarme. Él sabía perfectamente que respetábamos la cultura musulmana. Cuando poníamos vídeos de películas occidentales a los niños, por ejemplo, siempre las censurábamos primero. Una de las mejores películas que conseguimos para el campo de refugiados fue *La lista de Schindler*, y cortamos una escena en que aparecían un hombre y una mujer juntos en la cama. Si la hubiésemos dejado, los niños habrían hablado de ello a sus padres y éstos se habrían preguntado qué clase de películas pasábamos.

Pero mis argumentos de que el conocimiento suponía poder, de que el conocimiento podía darle a su hija la oportunidad de labrarse un futuro mejor, no hicieron mella en él.

–Es mi hija y yo decidiré si su futuro debe ser oscuro o prometedor. Me es más útil si usa sus deditos para tejer alfombras. Ahora puedes marcharte –me dijo bruscamente.

Me indigné.

–He venido a verte por el bien de tu hija. Tú no sabes lo que es mejor para su futuro. Ella quiere aprender. Es afortunada por tener aquí una escuela. Pero tú sólo quieres que sea una ignorante. Te aseguro que como vuelvas a pegarle porque no quieres que estudie, tomaremos las medidas necesarias para que tengas que marcharte del campo.

Estaba furiosa con él, y furiosa por el hecho de que su hija tuviese que pagar un precio tan alto por las creencias de su padre. La niña no volvió a la escuela.

Uno de mis sueños es que todos los pueblos y aldeas de Afganistán dispongan de una biblioteca con muchos, muchísimos libros. Libros de ciencias, de literatura y de arte, en persa y en pastún, libros que documenten la tradición cultural de Afganistán y lo que le han hecho al país los muyahidines y los talibanes.

Conocí a una mujer de la provincia de Bamiyan en el campo de refugiados, que había vivido cerca de las dos estatuas colosales de Buda que los talibanes destrozaron con su artillería.

–Me despertaba todas las mañanas el grito del mulá –me contó–, y lo primero que miraba todas las mañanas eran los budas. Y han desaparecido, después de mil quinientos años. Y ya no volverán.

Diecisiete

–Necesito unos zapatos nuevos, tiíta.

Vi en la puerta a Shams, el niño al que más quiero de todo el campo. Shams es muy pequeño. Tiene cinco años y pertenece a la tribu hazara, la más perseguida de Afganistán. Tiene el pelo rubio y los ojos achinados característicos de ese grupo étnico. Es el único niño que vive en el orfanato de niñas. Es demasiado pequeño para estar con los otros niños, que son todos mucho mayores que él. Nadie le ha explicado todavía por qué está en un orfanato.

Nadie le ha dicho que sus padres han muerto, que los mataron cuando una bomba destruyó su casa. Él cree que las catorce niñas del orfanato son sus hermanas, aunque en realidad sólo una de ellas es su verdadera hermana, y me he fijado en que pasa más tiempo con ella que con las otras.

La hermana de Shams sólo le lleva un año. Los dos pequeños tienen un hermano de dieciocho años. Él los llevó al campo de refugiados cuando sus padres murieron. Nos explicó que no tenía nada, que no podía cuidar de los dos niños. Shams está convencido de que la mujer de la RAWA con quien vive es su madre.

–Necesito unos zapatos, tiíta –repitió–. Los necesito para el fútbol.

Siempre me llama tiíta.

No hay nada que le guste más a Shams que los zapatos. Su profesora del orfanato me ha dicho que tiene varios pares.

–No le deis más zapatos. Sencillamente no los necesita –me dijo.

Sabía que era un derroche, pero a veces no podía decirle que no. Él estaba convencido de que con unos zapatos nuevos metería más goles y de que algún día jugaría en el equipo de Kabul –si es que alguna vez existe un equipo de Kabul–, o incluso en el de Afganistán.

–Muy bien –le dije–. Te compraré unos zapatos nuevos. ¿Necesitas algo más?

Negó con un gesto tímido. Siempre le trato como si fuera mi superior. Incluso le ofrezco té cuando llama a mi puerta, algo que normalmente sólo se ofrece a los adultos. Él siempre me dice que no.

Shams cree que no puedo ser muy importante en el campo de refugiados porque le trato con el respeto debido a un adulto. Puedo verle pensando: «Claro, las personas importantes son las que me tratan con más severidad». Siempre que acude a la casa pregunta primero por Amina, porque ella sí es una persona realmente importante.

Shams es un niño inteligente y alegre. Acaba de empezar a aprender el alfabeto, y corre a mi lado a todas horas y me dice: «Tiíta, tiíta, ¿puedo leerte?».

Se pone de puntillas para darme un beso y yo le digo:

–Algún día ya no querrás besarme, Shams.

También ha empezado a aprender inglés, y nunca le da vergüenza levantarse en la clase cuando llega alguna visita y presentarse mientras intenta erguirse cuan alto es, diciendo: *«My name is Shams»*.

Procuro llevarle algo para dibujar siempre que salgo del campo, porque le encanta. Y le gustan los libros, aunque todavía no puede leerlos. Es capaz de quedarse una hora entera mirando un libro de química, por ejemplo, pasando las hojas adelante y atrás, aunque no entiende una palabra.

Siempre que consigue una rupia, corre a la tienda a comprarse cuatro petardos minúsculos. Arman un ruido infernal y los refugiados que viven en el campo no los soportan. Tuvieron que aguantar disparos y explosiones en el país del que huyeron y ahora tienen que soportar esos petardos. A veces acuden a mí y se quejan, pero yo también tengo que soportar ese ruido incluso cuando intento dormir un poco.

Una vez, estaba enseñando el campo de refugiados a un periodista extranjero y estalló un petardo junto a sus pies. Dio un salto asustadísimo. Creía que alguien había disparado contra él. Vi a Shams a escasa distancia con otros niños. Me enfadé muchísimo con él y le grité:

–¡Basta ya, bruto!

Es muy pícaro y procura que no le sorprenda nunca con los petardos en las manos. Pero sabía que había sido él.

Le encanta hacer ruido. Le gustan mucho las canciones de la asociación y las escucha con el volumen del casete a toda potencia. Es demasiado pequeño para pronunciar bien la letra, no digamos ya para recordarla, pero cuando le pido que cante algo ni siquiera titubea y se inventa la letra sobre la marcha. Siempre que tenemos que dar una habitación en el orfanato a un refugiado nuevo, como por ejemplo la madre de Nayib, Shams percibe enseguida que no debe molestar al invitado y procura hacer el menor ruido posible.

A veces le doy un poco de dinero, no para que compre petardos sino una cometa. Intenta hacerla volar en medio del campo, pero es demasiado pequeño y no consigue hacerla despegar ni flotar en el aire. Al poco rato, hay un gran desgarrón en el fino papel.

No soy partidaria de dar en adopción a un niño pequeño como Shams. Recibimos muchas solicitudes de parejas europeas y estadounidenses, que desean adoptar a nuestros huérfanos y ofrecerles una vida diferente. Pero sólo aceptamos la adopción a distancia, es decir, que los padres adoptivos ayuden a criar y educar a un niño. Estos niños son el futuro de Afganistán. Tienen mucho talento, y si los enviáramos a Occidente, su inteligencia daría sus frutos allí. Si concentramos tantos esfuerzos en su educación es porque necesitamos que nuestros niños construyan el futuro de Afganistán. No podemos permitirnos perder una generación.

Creo que sería muy reacia a que Shams se fuera aunque le ofrecieran simplemente la oportunidad de estudiar en Occidente, como me la ofrecieron a mí cuando mi primo volvió de Canadá y fue a verme al colegio. Si un niño como Shams pasara aunque sólo fueran unos años en Occidente y perdiera el contacto con sus raíces, tal vez ya no quisiera volver nunca al polvo de Afganistán.

Algunas personas me dicen que las parejas occidentales pueden ofrecer a estos niños un amor de padres. Pero la asociación ya se lo da. Las mujeres de la RAWA son como madres para ellos y nuestros colaboradores varones como padres. Muchos huérfanos viven con familias del campo de refugiados y crecen como si siempre hubieran pertenecido a ellas.

Una noche, Amina y yo estábamos repasando la contabilidad de finales de mes del campo. Era un trabajo lento. Yo seguía siendo tan mala en matemáticas como en el colegio y aquella noche habían vuelto a cortar la electricidad, así que trabajábamos a la luz de la vela. Oímos una llamada suave en la puerta.

Era una niña pequeña.

–Ven corriendo –me dijo cuando abrí la puerta–. Una mujer ha intentado matarse.

Cuando llegamos, encontramos a la mujer en el suelo, con la cabeza en un charco de sangre y vómito. Vi en un rincón un cuenco de agua en el que flotaban unos trocitos de pan como si los hubieran puesto en remojo, y que quizás hubiera tirado otra familia.

Hacía fresco, pero la mujer estaba bañada en sudor y tenía magulladuras y cardenales alrededor de los ojos. Descubrimos que había tomado medio frasco de raticida. Se la llevaron en una ambulancia.

No supimos por qué había intentado suicidarse hasta que fuimos a verla al hospital. Los médicos le habían hecho un lavado de estómago y se estaba recuperando. Su marido, Mohamed, era opiómano; no tenían dinero, pero él se negaba a dejarla salir de la tienda en que vivían para intentar ganar algo o incluso para pedir limosna. Y si le pedía dinero para comprar comida, la golpeaba.

Fui a ver a Mohamed cuando regresamos al campo. Era de la provincia de Kunar, que queda al norte de Afganistán. Me contó pausadamente, muy pausadamente, que había descubierto las drogas en el mercado Karjano de Peshawar, una zona en la que no entra la policía y donde se congregan los adictos a consumir heroína.

–Fui allí después de un mes de trabajo en la fábrica de ladrillos –me contó Mohamed–. Me dolía tanto la espalda que no podía levantar ni un ladrillo, no podía seguir trabajando allí. Conocí a un traficante y me dijo que me olvidara de buscar trabajo. Recuerdo que me dijo exactamente: «Nunca encontrarás trabajo en Pakistán y nunca podrás regresar a Afganistán. Pero te daré algo que te hará olvidar todos los problemas que tienes en el mundo por el dinero, el trabajo y tu mujer».

Hizo una pausa, recordando la primera vez.

–Entré en otro mundo, un mundo hermoso. Me sentía muy bien. No pensaba en la pobreza ni en lo que comeríamos mi mujer y yo. Estaba contento. Fui feliz unas dos o tres horas; luego necesité algo más. Cuando volví aquí, mi mujer me dijo que no había nada que comer. Yo no tenía nada en el bolsillo. Así que la golpeé.

Había vuelto al mercado Karjano pocas veces, porque enseguida ya no pudo permitirse comprar heroína. Entonces se había pasado al opio. Ya no tenía trabajo ni nada que comer y era adicto.

Le pregunté por qué no dejaba salir a su mujer.

–Porque me avergonzaría –me contestó–. ¿Cómo voy a permitir que mi mujer salga a buscar dinero para pagar el opio, cuando yo no tengo fuerzas para hacerlo?

Amina se entristeció profundamente cuando le expliqué lo que me había dicho Mohamed. Su hermano, que seguía en Afganistán, también se había convertido en un adicto porque no tenía ninguna esperanza de estudiar ni de un futuro. Los dos hombres se contaban entre millares explotados por los barones de la droga afganos y paquistaníes, que ejercían su oficio con la ayuda (mediante pago) de los talibanes.

Hicimos una colecta entre los miembros de la RAWA y conseguimos dinero suficiente para que Mohamed se sometiera a una cura de desintoxicación. Luego le convencimos de que volviera a trabajar en la fábrica de ladrillos. Era un trabajo penoso, pero era el único que podía conseguir.

Creo que pocas cosas me han indignado tanto como las ceremonias de boda que celebran algunas de las familias más pobres del campo de refugiados. Y una de las que más me horrorizaron fue la boda de una adolescente que daba clases con Amina. Su madre asistía también a las clases de alfabetización, por lo que no había forma de que ninguna de las dos pudiéramos rehusar la invitación.

Yo no quería asistir a la boda, en parte porque entregaban a la niña, en un matrimonio acordado, a un hombre que le llevaba más de treinta años. La familia era tan pobre que unos días antes de la boda nos pidieron prestadas algunas alfombras y otras cosas para los preparativos. El día de la boda nos encontramos con que los padres habían invitado a todos sus parientes, no sólo a los del campo de refugiados sino también a los de la ciudad. Y como no había espacio suficiente para todos en su casa de adobe, habían pedido prestadas las de algunos vecinos.

El aire estaba cargado del olor a la cabra y las dos ovejas que habían sacrificado para alimentar a los invitados. La familia se había gastado muchísimo dinero en comida. Habían contratado a un anciano ciego para que cantara las canciones tradicionales, mientras alguien tocaba el *dutar*, una guitarra de dos cuerdas. Como no veía, podía cantar lo mismo en las habitaciones reservadas para los hombres que en la zona aislada en que tenían que permanecer las mujeres. En esa especie de ambiente tradicional, no estaría permitido que un hombre viera bailar a las mujeres.

Fui a dar la enhorabuena a la novia y vi que llevaba un vestido rojo adornado con encaje dorado; estaba muy maquillada y cubierta de anillos y joyas.

–Prométeme que seguirás asistiendo a la escuela –le dijo Amina.

–No lo sé. Eso depende de lo que diga mi marido –repuso la joven, que parecía avergonzada.

–No es cierto –replicó Amina–. Depende solamente de ti, y es tu futuro lo que está en juego.

Los invitados eran tan pobres que hicieron regalos de diez o veinte rupias a los novios. Justo para comprar unos huevos y un poco de leche. Los festejos duraron tres días.

Fuimos a ver a la madre de la novia a la semana siguiente. La familia había gastado tanto en la boda que ni siquiera tenían azúcar para el té que nos ofreció.

Yo estaba disgustada y decepcionada con ella.

–Madre, ¿primero decides entregar a tu hija a un viejo y luego gastas tanto en la boda que ya no puedes comprar azúcar para el té? –le reproché.

Se le llenaron los ojos de lágrimas.

–No podía hacer otra cosa. Teníamos que encontrar a alguien que protegiera a mi hija. Mi marido tuvo que pedir prestado tanto para la boda porque no podríamos haber vivido con la vergüenza de haber hecho algo sencillo –nos confesó.

Pensé en la boda de mis padres y en la insistencia de mi madre en que debía ser precisamente eso, algo sencillo. Me asombraba que una familia afgana celebrara una fiesta así mientras en su país explotaban tantas bombas cada día.

La hija no volvió a la escuela. Cuando fuimos a verla nos dijo que estaba embarazada y que tendría que esperar a que la criatura creciera para poder volver a clase. Espero que vuelva algún día.

Siempre he evitado ver morir a la gente. Creo que puedo verlo prácticamente todo, pero no a alguien agonizando, ni a un muerto. De todos modos, a veces no tengo más remedio y debo acudir a dar el pésame a las familias. Los refugiados nos perderían el respeto enseguida si vieran que sólo asistimos a las bodas y nunca a los funerales. Eso sería como demostrarles que compartimos sólo sus momentos de alegría y simulamos que no existen los momentos de aflicción. Pero me cuesta muchísimo siempre; es una prueba muy dura.

Procuro mirar a cualquier sitio cuando entro en la habitación del difunto –a los familiares, al suelo, a las paredes–, a todo salvo al muerto. En cierta ocasión, vi a una mujer que había resultado gravemente herida en el vientre por la metralla. Su marido abandonó todo lo que tenía en Kabul para llevarla a un hospital de Pakistán. Mientras los médicos intentaban salvarla, él gritaba y yo no podía hacer nada para ayudarle. Después vi el cadáver, pero no fui capaz de ayudar a lavarlo para el funeral.

En otra ocasión, Amina y yo estábamos visitando un campo de refugiados y nos llamaron desde una tienda donde había un hombre tendido en el suelo. Estaba muy enfermo y llevaba una cinta alrededor de la cabeza como la que atan a los difuntos para que no se les abra la boca. Se la quité y él me dijo:

–Estoy muy enfermo, me estoy muriendo, pero no tengo a nadie que me ate esta cinta, así que me la he atado yo mismo para no morir como un perro.

Murió pocos días después y no fui capaz de ir a verlo. Ni siquiera soporto ver muertos en la televisión.

A veces voy a dar un paseo por el campo de refugiados a última hora del día cuando tengo tiempo, para visitar a las familias y ver si necesitan algo, porque algunas son demasiado orgullosas para acudir a pedirnos cosas, o les da demasiada vergüenza hacerlo. Si sabemos que hay alguien enfermo, nos corresponde a nosotras ir a preguntar a los parientes por él o ella. En una ocasión, me puse un burka porque quería ver cómo vivían los refugiados sin que me reconociesen como miembro de la RAWA.

Prefiero aparecer siempre sin avisar, porque si no, la familia me prepara una comida, debido a su gran sentido de la hospitalidad, y no quiero quitarles la comida de la boca. Todavía estoy indignada conmigo misma porque una vez estaba tan ocupada visitando a los refugiados que olvidé que una mujer del campo me había invitado a su casa. Era pobre, pero me había preparado una comida muy costosa: arroz con pollo. Le besé la mano para disculparme y ella me perdonó.

Mi ruta suele llevarme hasta el cementerio del campo de refugiados. Hay miles de tumbas, en medio del polvo, y cada vez que paso por allí me parece un poco más grande. Algunas familias son tan pobres que ni siquiera pueden comprar una placa de madera que indique el nombre del difunto. Nunca entro en el cementerio. Pero sé que si dejásemos de hacer nuestro trabajo sería el doble de grande de lo que es ahora.

Cuando me quedo dormida a altas horas de la noche, siempre me preocupo de la seguridad de mis amigas de la RAWA, tanto en Afganistán como en Pakistán. Sé que ni en un sitio ni en otro están nunca a salvo. Mi preocupación aumenta cada vez que los refugiados o las compañeras de la asociación me cuentan una historia aterradora. Una amiga me contó, cuando regresó de Afganistán, que había visto a una mujer rebuscando entre los escombros de lo que había sido su casa, antes de que la destrozara una bomba. A un lado de los escombros estaba la cabeza de su hijo, y el resto del cuerpo al otro, y la mujer intentaba recoger los trozos. Veo a aquella mujer una y otra vez en mis pesadillas. No puedo moverme ni gritar mientras la observo.

Yo no creo como los talibanes que la muerte sea una bendición, ni creo en el martirio. Me da miedo la muerte, pero sólo por una razón: me da miedo que pueda morir sin haber ayudado a mi pueblo o sin dejar alguna huella. Me fastidiaría mucho morirme en un accidente de automóvil mañana. Cuando contemplo el océano de dolor y de sufrimiento que anega a mi país, tengo la impresión de que lo que hacemos nosotras es más pequeño, mucho más pequeño que una gota de agua. Pero debo continuar con mi trabajo porque creo en él. Creo que significa algo. A veces, me veo obligada a rechazar una petición de ayuda simplemente porque no podemos permitírnoslo por falta de medios. Nunca olvidaré a una anciana que acudió a mí después de huir de su aldea en la región central de Afganistán debido a la guerra. Me rogó que permitiese que ella y sus cinco hijos fuesen admitidos en el campo de refugiados.

Había perdido a su marido y se inclinó hasta el suelo para tocarme los pies, mientras me explicaba:

–Acéptanos, por favor, o acepta al menos a mis hijos en vuestro orfanato, te lo suplico. No puedo alimentarlos. Son vuestros.

Tuve que decirle que no. No podíamos admitir a más gente en el campo de refugiados. No teníamos dinero para pagar la comida diaria, las medicinas y la educación de los niños.

Podría haberlos instalado en la casa en que vivía yo, ya habíamos acogido a una familia en ella una vez, pero ésa era sólo una solución provisional. Aquella mujer no se enfadó conmigo. Pero me sentí responsable de lo que pudiera pasarles a ella y a sus hijos. No sé adónde irían. Confío en que los admitieran en otro campo de refugiados.

Sexta parte

EN OTRO MUNDO

Dieciocho

Crucé la puertecita de la embajada talibán en Islamabad, busqué la sección de mujeres y me puse a la cola de pasaportes. Entonces me fijé en el letrero que había colgado en la pared detrás del empleado del mostrador. Estaba escrito a mano en tinta negra, con una letra preciosa, y rezaba así: «Una mujer con burka es como una perla en una ostra».

Recordé cómo me había sentido yo con el burka en Kabul y me pregunté asombrada cómo podía parecerle tan poético a alguien. A mí una mujer con burka me parece una persona viva encerrada en un ataúd. Pero al menos los talibanes no podían impedir que las mujeres afganas viajasen solas fuera del país.

La primera vez que visité Estados Unidos llevé en la bolsa de viaje mi pasaporte y mi burka.

Eve Ensler, la dramaturga que escribió *Monólogos de la vagina*, había invitado a la Asociación Revolucionaria de Mujeres de Afganistán a participar en una asamblea que iba a celebrarse en el Madison Square Garden el mes de febrero de 2001, organizada por el movimiento V-Day, que lucha para acabar con la violencia contra las mujeres. Intervendrían representantes de asociaciones de mujeres de todo el mundo.

Yo había visto Nueva York en las películas de televisión en Pakistán. Pero cuando llegué, me sentí aturdida. En mi país lo habían destruido todo. Me pregunté cuánto tardaría en construirse en Kabul un edificio que se pareciese vagamente a lo que veía ante mí. Pensé en la energía y el trabajo necesarios para conseguirlo y comprendí que llevaría decenios y decenios, y que yo no viviría para verlo.

Los rascacielos me parecían montañas. Soñé que algún día construiríamos una estatua de la Libertad en mi país que significara para los afganos lo mismo que aquélla para los estadounidenses.

Me fijé en la abundancia de artículos que había en las tiendas. Me hubiera gustado comprar medicamentos para los refugiados y cámaras fotográficas pequeñas que pudieran usar nuestras compañeras en Afganistán. Me fijé en la felicidad de la gente, todos tan ocupados en sus trabajos, y que podían preocuparse libremente de lo que prepararían de cena aquella noche para sus invitados; y en los niños, que podían contar con años de colegio y luego de universidad.

Conocía a Eve Ensler y pasé los días anteriores a la asamblea en su casa. Eve gritó y me abrazó al verme. Es una mujer muy valiente y una firme defensora de nuestra causa. La había conocido en Pakistán antes de que cruzara la frontera con una compañera de la RAWA para hablar con las mujeres de Afganistán y visitar nuestras escuelas clandestinas. Luego escribió un poema titulado *Under the Burqa (Debajo del burka)*. Me explicó que me había pedido que llevara el mío cuando fuera al país porque quería que me lo pusiera para mi discurso.

Conocí a Jane Fonda antes de la asamblea y le expliqué lo mucho que mis compañeras del colegio y yo habíamos disfrutado con la película *Julia*, y que había inspirado mi trabajo. Le pregunté si le gustaría hacer una película sobre Afganistán y me dijo que teníamos que hablar de ello. Fue muy amable conmigo. Lloró cuando le conté lo que pasaba en mi país.

Oprah Winfrey leyó *Debajo del burka* y a continuación tenía que subir yo al escenario; se apagaron todas las luces salvo una que me enfocaba a mí directamente. Me habían pedido que me pusiese el burka y la luz entraba por la malla y me deslumbraba. Un grupo de cantantes interpretó una canción estadounidense, una melodía muy triste, y yo debía caminar lo más despacio posible, un paso y una pausa, otro paso y otra pausa. Tenía que subir unos cuantos peldaños, pero al final tuvieron que ayudarme, porque las lágrimas mojaron la tela y se me pegó el burka a la cara.

Oprah alzó el burka despacio, muy despacio, me lo quitó y lo dejó caer en el escenario. Era la primera vez que hablaba a una multitud de dieciocho mil personas, pero no estaba nerviosa. De todos modos, estaban a oscuras y no las veía. Terminé de hablar, se encendieron las luces y vi que los asistentes se habían levantado de los asientos para aplaudirme de pie. Me alegró mucho que demostraran su solidaridad de aquel modo, pero me parecía más importante incitarles a ayudar.

Once de septiembre de 2001. Llegué al aeropuerto de Islamabad acompañada por Saima, mi amiga y compañera de la RAWA, y por un colaborador que nos hacía de guardaespaldas y de chófer. Yo tenía que tomar un avión para España, donde debía asistir a varias conferencias en representación de la asociación.

Nada más entrar en el vestíbulo principal del aeropuerto nos dimos cuenta de que había mucha gente reunida alrededor de un televisor que colgaba del techo. Todos guardaban silencio. Me acerqué más y leí el titular: «Noticias de última hora, CNN – Ataque a Estados Unidos». No se veía nada más en la pantalla, sólo polvo, un montón de polvo.

El polvo fue sustituido enseguida por imágenes de las Torres Gemelas.

Yo había visto muchas veces violencia y terror en mi país, pero nunca lo habían mostrado en la televisión de aquel modo. Vi a un hombre que saltaba de una de las torres. Era mi pesadilla. Imaginé que había estado en la torre, la torre que me había parecido una montaña. Oí en el noticiario que un hombre había llamado por teléfono a su madre y pensé en mis padres. Imaginé que los aviones que impactaban en las torres eran como las bombas que caían en el refugio de debajo de mi casa de Kabul, o tantos otros refugios en los que la gente se creía a salvo.

El comentarista mencionó que los ataques podían estar relacionados con Osama Bin Laden.

Fui a llamar por teléfono a una de las casas de la RAWA. Les pregunté si habían visto las noticias de la CNN o de la BBC. Me dijeron que no, que tenían apagado el televisor. Les dije que lo pusieran enseguida y que volvería a llamar más tarde. Ya no sabía si debía seguir el viaje o no.

Creíamos que Bin Laden estaba detrás de los atentados.

–Si ha sido Bin Laden, Estados Unidos querrá vengarse –comenté.

Saima asintió.

–Y eso será peligroso para todos. Para todo el mundo en Afganistán. Estados Unidos no puede acabar con él en un día –dijo ella.

–Será una guerra familiar –añadí–. La CIA utilizó durante muchos años a Bin Laden, cuando le ayudaban a combatir a los rusos, y ahora se rebela contra Estados Unidos y Estados Unidos está furioso. Pero muchos de los nuestros pagarán por esto.

–Y después –añadió Saima–. Si Estados Unidos castiga a los talibanes y éstos pierden el poder, ¿qué pasará entonces?

No sabíamos la respuesta.

Las compañeras de la RAWA me dijeron luego que siguiera adelante con el viaje. Subí a bordo y me acomodé en mi asiento, pensando en las personas que estaban en las torres y lo que hubieran querido decirles a sus padres o a sus hijos si hubiesen sabido lo que iba a pasarles. Procuré tranquilizarme y no sentir miedo del viaje que me aguardaba (los aviones siempre me producen un poco de claustrofobia).

Llegó una pareja occidental y se sentó a mi lado.

Los dos eran de mediana edad y vestían vaqueros y camisetas. No hablamos, pero supuse que eran estadounidenses por el acento.

–Esos afganos –dijo luego el hombre a su esposa–. ¿Cómo podemos permitir que nos hagan esto?

–Bush debería tomar medidas inmediatas y bombardear el país –dijo la mujer.

Les escuché en silencio, preguntándome cómo reaccionarían si les dijese que era afgana, que nunca había protegido a Bin Laden y que lo odiaba tanto como ellos. Un río rojo de sangre separaba a los afganos inocentes de un grupo de terroristas. Yo no quería que matasen inmediatamente a Bin Laden y al mulá Omar, el dirigente espiritual de los talibanes, a quien le gusta llamarse emir al-Munimín o príncipe de los creyentes. Primero los pasearía en una jaula por los zoos más famosos del mundo, para que la gente pudiera ver qué clase de fieras eran.

Pero no hablé con aquella pareja. Procuré concentrarme en la película que pusieron. ¡No podían haber elegido otra! Era *Bean*, una comedia.

Tenía que cambiar de avión en el aeropuerto de Dubai. Me pararon en el control de pasaportes. El funcionario miró fijamente la cubierta del pasaporte que me había dado la embajada talibán. «Emirato Islámico de Afganistán», decía.

–¿A quién va a visitar en España? –me preguntó el funcionario, dando vueltas al pasaporte una y otra vez.

–A mi familia. Mi tía vive en Madrid –mentí.

La respuesta no le convenció.

–Espere un momento, por favor. Necesito llevarme el pasaporte, volveré enseguida –me dijo.

Regresó a los quince minutos y me devolvió el pasaporte.

–Lo siento –me dijo–. El vuelo se ha cancelado. No hay ningún otro y tendrá que esperar tres días hasta que podamos decirle si tiene plaza en algún otro vuelo. Si quiere esperar...

Ahora le tocaba mentir a él.

–¿Por qué no puedo tomar el avión? ¿Es por el pasaporte? –le pregunté.

–Lo siento. No puedo hacer nada. Hemos recibido órdenes de tener mucho cuidado con los pasajeros de nacionalidad afgana. Es lo único que puedo decirle –me contestó.

Yo no tenía ninguna culpa, pero mi pasaporte y mi nacionalidad se habían convertido en un lastre. No tuve más remedio que llamar otra vez a la RAWA y buscar un vuelo para regresar a Pakistán.

Pasé varias horas viendo la televisión, la CNN, mientras esperaba. Tenía la sensación de que los afganos, precisamente por todo lo que habían sufrido, eran quienes podrían entender mejor el dolor de la gente de Nueva York y de Washington.

Vi imágenes de archivo sobre Bin Laden. Cómo vestía, cómo guardaba silencio, sentado, con los ojos bajos o con expresión mística y ausente; me parecía que intentaba representar el papel de un profeta.

Cuando llegué a Islamabad encontré a nuestra experta en informática, Mehmuda, más triste de lo que la había visto en mucho tiempo. Ella es quien se pasa horas seguidas bregando con el correo electrónico que recibimos de todos los rincones del mundo. Toma café para permanecer activa las largas noches que trabaja, porque las tarifas telefónicas son más baratas a esas horas.

–Casi todos los mensajes que hemos recibido nos apoyan, pero no te imaginas la cantidad de amenazas e insultos que han llegado también –me dijo.

Me enseñó algunos mensajes. Estaban llenos de insultos. Pero lo peor era que en muchos casos se trataba de personas que figuraban entre nuestros simpatizantes. Decían que no querían recaudar más fondos para la RAWA porque odiaban Afganistán. El diez por ciento del correo electrónico que habíamos recibido desde el 11 de septiembre era negativo, y buena parte del mismo, obsceno.

Un hombre nos decía: «Algún día, muy pronto, la gente dirá: "En Afganistán había montañas, ¿sabes?"». Otro, que firmaba Lee, escribía: «Salid de vuestro estúpido país mientras aún estáis a tiempo. Nosotros (Estados Unidos) vamos a haceros pedazos con una bomba nuclear. Deberíais quitaros ese trapo absurdo de la cabeza e incorporaros al mundo real».

–¿Qué debo hacer? –me preguntó Mehmuda.

–Contestarles. Creo que debemos redactar una respuesta lo más amable posible y enviarla al mayor número de personas que podamos –le propuse.

Mehmuda redactó un mensaje que decía que comprendíamos

su cólera en un momento como aquél, que también nosotras estábamos consternadas por los atentados y que compartíamos la cólera y el dolor de los estadounidenses. Les recordábamos que también nosotras éramos víctimas de los talibanes, a los que llamábamos «puñado de criaturas infrahumanas y brutales», y de otros fundamentalistas musulmanes de Afganistán.

Muchas de las personas que recibieron ese mensaje nos contestaron disculpándose por su mensaje anterior.

–Acaba de caer otra bomba no muy lejos, pero no os preocupéis, estamos bien.

La voz de Shabnam se oía débilmente, la comunicación con Kabul era pésima. Había tardado hora y media en contactar con ella por teléfono desde Peshawar. Shabnam, una de nuestras compañeras de la RAWA que estaban en la capital, me explicó que ya habían muerto algunos civiles y prometió que nos mandaría cuanto antes fotografías de los daños causados por los bombardeos. La comunicación se cortó.

Me quedé levantada hasta las dos de la mañana viendo parpadear las luces en la pantalla del televisor mientras los estadounidenses lanzaban su ofensiva. No apartaba la mirada de la pantalla, pero mentalmente podía ver a cada una de mis amigas de Kabul tan claramente como si las tuviera delante.

En la casa donde vivía yo entonces tenían conectada la CNN desde primera hora de la mañana hasta altas horas de la noche, todos los días desde los ataques del 11 de septiembre, mientras esperábamos y esperábamos.

Una compañera de la asociación, que había viajado desde Kabul hasta la frontera y pasado a Pakistán, me contó después que, al principio de la ofensiva, un avión había bombardeado por error una camioneta que distribuía agua, creyendo que era un depósito de gasolina. Había una sequía muy grave y el camión estaba en un barrio céntrico de Kabul. La bomba había derribado cinco viviendas.

El Gobierno estadounidense no podía alcanzar sólo a Bin Laden. Morirían muchos inocentes antes de que lo consiguiera.

La madre se culpaba a sí misma, aunque ella no tenía la culpa. No hacía más que repetir que su marido y ella habían llevado a su hijo de seis años en brazos kilómetros y kilómetros por las montañas de noche (sólo caminaban de noche, para esquivar a las patrullas talibanes), pero que cuando se sintió demasiado cansada y débil para seguir llevándolo, lo había dejado en el sendero y le había hecho caminar delante de ella. El camino discurría al borde de un precipicio y sólo había podido ver que el pequeño resbalaba y desaparecía ladera abajo en la oscuridad.

–Fui una egoísta y ése ha sido mi castigo –decía la mujer, que pertenecía a la etnia uzbeca, sentada en el suelo en mi casa del campo de refugiados.

Había huido a Pakistán con su marido y con su hijo cuando el mulá Omar declaró la yihad o guerra santa contra Estados Unidos y ordenó que se alistara un hombre de cada familia para luchar. Pakistán se había apresurado a cerrar las fronteras con Afganistán para impedir que los afganos salieran del país.

No había sitio para la pareja en nuestro campo de refugiados, porque habían llegado muchísimos durante las últimas semanas, así que Amina la invitó a quedarse en casa hasta que encontrásemos una solución. Llevaba los zapatos de plástico destrozados, atados con una cuerda, y tenía los pies ensangrentados por la larga caminata. Había gastado cuanto tenía en el viaje. Nos pidió que la ayudásemos a encontrar trabajo haciendo alfombras y que buscáramos empleo para su marido en la fábrica de ladrillos.

Ella había querido esperar en las montañas y buscar a su hijo, pero el marido le había dicho que era demasiado peligroso y que tenían que seguir. Le aseguró que no existía la más mínima posibilidad de que el niño hubiera sobrevivido a una caída como aquélla.

Diecinueve

Las niñas estaban ensayando en un aula de la escuela. Durante días, oíamos gritos, carreras y golpes siempre que pasábamos por allí.

–¡Infieles, sois todas infieles! –era un grito que oíamos cada vez que nos acercábamos.

Yo estaba organizando la inminente visita al campo de refugiados de una delegación de parlamentarios europeos. A veces me parecía que las niñas estaban más ocupadas que Amina y yo.

No nos dejaban entrar en la habitación. El pequeño Shams no paraba de repetirnos que no podíamos entrar. Había conseguido meterse en los preparativos de las niñas para la obra que iban a representar. Las niñas a las que consideraba sus hermanas intentaron darle un papel en la obra, pero él se olvidaba siempre de lo que tenía que decir (se interrumpía y preguntaba: «¿Qué digo ahora?»). Así que renunciaron y le nombraron ayudante.

Eran niñas de siete a catorce años. Procedían de familias muy pobres, pero no les faltaban las ideas. Enviaban a Shams como mensajero día tras día, y con frecuencia varias veces al día, a pedirnos una cosa u otra para la obra.

Un día, decidí tomar un poco el pelo a Shams. Ya había llamado a la puerta una docena de veces (siempre sabía si yo estaba en casa, porque veía los zapatos a la puerta).

–Dime la verdad, Shams –le dije–. Eres el responsable de todo esto, ¿a que sí?

Vi su cara de satisfacción, aunque negó con un cabeceo, diciendo:

–No, no, son las chicas mayores.

–Estoy segura de que sin ti no podrían hacer la obra –le dije.

Se fue corriendo, procurando ocultar su gran sonrisa.

Pidieron turbantes prestados a las familias tradicionales, ropas de chico y un látigo que habíamos hecho con cuerda y plástico para una obra anterior. Yo tenía que escribir una nota con cada petición para que Shams la entregase. Él no sabía leer, pero enseguida se dio cuenta del poder que le otorgaban las notas y las doblaba dos veces son sumo cuidado, y se las guardaba en el bolsillo de la camisa. Le encantaba parecer una persona muy importante.

«Las chicas mayores» nos pidieron incluso una docena de fusiles kalashnikov. Escribí a uno de los guardias de seguridad del campo de refugiados para que les prestasen uno, sólo uno... pidiéndole por favor que se asegurase bien de que estaba descargado. Con un kalashnikov bastaría. Tendría un valor simbólico.

–¿Estás contento? –le pregunté un día a Shams–. ¿Te trata todo el mundo con respeto?

–Sí, claro que sí –me contestó, hinchando su pequeño pecho.

–Entonces, ¿estás contento de haber encontrado a alguien como yo a quien puedes recurrir todos los días? –le pregunté.

Shams me informó de que «las chicas mayores» me necesitaban para que llamara a un colaborador que sabía tocar el órgano electrónico para que las acompañase cuando cantaban. El hombre estaba ocupado en otras cosas, pero al final cedí y le pedí que fuese.

Las niñas estaban nerviosísimas el día que llegó la delegación. En cuanto Amina y yo nos sentamos con los visitantes para hablarles del campo de refugiados, Shams llamó a la puerta, se coló en la estancia y se acercó a mí.

–¿Cuándo van a venir a la escuela, tiíta? –me preguntó en un cuchicheo.

Le pedí que se marchara, diciéndole con firmeza que si volvía a molestarnos se lo diría a su profesora.

A última hora de la tarde, cuando apenas faltaba una hora para que los visitantes se marcharan, yo aún estaba enseñándoles el campo. No podían quedarse más tiempo, porque ya estaba oscureciendo y Peshawar no era un lugar por el que se pudiera viajar tranquilamente de noche. Había muchas otras cosas que quería enseñarles, pero decidí llevarles a ver la obra, porque si no las niñas se habrían sentido inmensamente decepcionadas.

Nos recibieron dos hileras de niñas al entrar en el patio de la escuela. Nos rociaron con pétalos de flores, en señal de bienvenida. Nos sentamos todos (en las sillitas que habían sacado de las clases) frente al escenario, que habían hecho con barro seco. Siempre había que reconstruirlo cuando llovía mucho.

Shams correteaba de un lado a otro y parecía muy atareado. Le habían lavado y planchado la ropa. Se había duchado y se había lavado la cabeza.

Le vi peinarse cuidadosamente el flequillo y le agarré.

–La próxima vez necesitarás perfume –le dije, bromeando–. Te estás volviendo como las niñas. No olvides que eres un chico.

Hizo una mueca y se zafó de mí.

Subí al escenario e intenté pasar detrás del telón. Vi algunas barbas y velos antes de que las chicas me obligaran a marcharme, diciendo que no podía ver nada.

Prometí no mirar, pero les pedí que me dijeran qué iban a representar. Tuve que cancelar algunas escenas, canciones y poemas que habían preparado, a pesar de sus protestas, porque quedaba muy poco tiempo. Después de lo que me pareció una espera larguísima, apareció una mano que abrió el telón y empezó la representación. Una adolescente hizo un breve discurso, agradeciendo la visita a los invitados extranjeros. Siguió a eso otra larga espera, durante la que oímos ruidos y golpes que llegaban de detrás del telón.

Me di cuenta de pronto de que no tenía la menor idea de lo que íbamos a ver. «Tendría que haber insistido en que me dejaran asistir a un ensayo», me dije.

Al fin se abrió el telón y apareció Osama Bin Laden; o, mejor dicho, una niña vestida con el atuendo blanco de un árabe saudí, con barba cortada de una bolsa de basura negra pegada a las mejillas. Bin Laden guardaba silencio y se pasaba un rato con la vista baja. Estaba rodeado de guardias talibanes aduladores, con turbante y con barba. Las niñas habían manchado la ropa para que pareciera tan sucia como la que vestían los talibanes. Uno de los guardias llevaba el kalashnikov, y me di cuenta de que a la niña le daba miedo el arma. Mientras otra niña traducía para los visitantes, los talibanes irrumpieron en la clase en que estaban aprendiendo inglés.

–¿Qué es esto? –exclamaba el talibán con voz grave, alzando un libro del revés para indicar que era analfabeto–. ¿Qué os enseñan? ¿Queréis que la educación os convierta en infieles y en prostitutas?

El talibán detuvo a las niñas, a sus padres y a la profesora, y los llevó a todos ante Bin Laden.

–Cortadles la cabeza –ordenó él sin alzar la vista.

Pero entonces la profesora y las niñas se enfrentaron a los talibanes, tirándoles de las barbas, y dándoles patadas y bofetones. Estallaban bolsas de tinta roja en el vientre de los talibanes, pero los golpes parecían reales.

Los talibanes se daban cuenta de que les estaban derrotando y se volvieron hacia Bin Laden gritando:

–¡Sal de nuestro país!

Bin Laden huía entonces del escenario, humillado, con la túnica ondeando.

Siguieron a esa escena algunas canciones y poemas contra los talibanes y sus enemigos fundamentalistas de la Alianza del Norte, y volvió a cerrarse el telón, mientras todos los espectadores aplaudíamos estruendosamente.

Me sentía orgullosa de las niñas, porque lo habían preparado todo solas. La obra era infantil, pero constituía un vigoroso mensaje de resistencia y oposición a un terrorista al que Occidente había calificado como el hombre más buscado del mundo. Hasta los talibanes, si resultaban derrotados, se librarían de él lo antes posible; ése era el mensaje de las niñas.

Las niñas tuvieron tiras negras pegadas a las mejillas durante días. Habían empleado una cola tan fuerte que tardaron un tiempo en quitárselas del todo.

Nadie lamentó la derrota de los talibanes en el campo de refugiados. Pero tampoco se alegró nadie cuando los talibanes huyeron de Kabul y tomó el poder la Alianza del Norte, entre quienes figuraban muchos veteranos muyahidines fundamentalistas. Los refugiados del campamento movían la cabeza como si hubiera muerto alguien en la familia. Todos sabíamos que aunque se llenaran la boca hablando de democracia, elecciones e incluso de los derechos de la mujer, los dirigentes de la Alianza del Norte que habían tomado el poder tenían las manos manchadas de sangre. Eran los mismos que habían bombardeado y torturado a su propio pueblo en los primeros años de la década de 1990.

Hablé con tres viudas que vivían juntas en el campo de refugiados. Las tres habían perdido a sus maridos en la época de los muyahidines.

–¿Qué vamos a hacer ahora? –me preguntaron–. Hemos perdido toda la esperanza que teníamos de que algún día podríamos volver a nuestro país.

Habían confiado en que el rey Mohamed Zahir Shah regresaría del exilio en cuanto derrotaran a los talibanes.

Nadie me dijo que deseara volver a Afganistán. Algunos hombres del grupo étnico hazara (al que pertenece Shams) me dijeron que si regresaran ahora a Kabul, los hombres de la Alianza del Norte les arrancarían los ojos o los degollarían por el método de la «danza del cadáver». Algunos refugiados comentaban que ahora que todo el mundo observaba a Afganistán tal vez no se repitieran aquellos crímenes.

Llegaron más refugiados durante los días siguientes. Habían soportado la ofensiva estadounidense, pero al volver los caudillos muyahidines huyeron del país porque no habían olvidado los crímenes cometidos pocos años antes y tenían miedo de que violaran a sus hijas.

Yo no creo que la Alianza del Norte traiga la paz y la democracia a mi país, por muchas promesas que hagan. Todas las facciones tienen un solo objetivo: conseguir el poder, y ninguna de ellas está dispuesta a compartirlo. El resultado más probable es la guerra civil. Solamente una fuerza de Naciones Unidas podría poner fin a las guerras en Afganistán, desarmando a todos los caudillos y supervisando la celebración de elecciones libres. Y solamente un gobierno laico y democrático podría garantizar los derechos humanos, incluidos los de las mujeres.

Hay una antigua canción popular afgana que me ha gustado siempre. Es una canción pastún, y el estribillo dice: «Estoy dispuesto a morir por mi amor, pero quiero que mi amor esté dispuesto a morir por mi país».

Me sentí anonadada al saber que Fará, que había estudiado en el colegio conmigo y luego había ingresado en la RAWA, iba a casarse con un muchacho elegido por su padre. No podía creérmelo cuando ella misma me dijo que estaba comprometida. Su prometido estudiaba en la escuela islámica o madraza y Fará apenas lo conocía.

–¿Cómo puedes hacerlo? –le pregunté–. ¿Sabes lo que significa el hecho de que estudie en la madraza?

–Si va a la madraza es porque sus padres quieren que vaya –se limitó a contestarme.

Yo creía que el amor no era suficiente, y además dudaba que aquello fuera verdadero amor.

–¿Cómo puedes estar segura de que te respetará si estudia en semejante escuela? ¿Acaso has olvidado lo que te enseñaron y lo que intentaste divulgar entre nuestro pueblo? La verdad, no esperaba esto de ti –le dije.

Ella guardó silencio.

No podía existir un abismo mayor entre dos mundos diferentes que el que existía entre la escuela masculina y el colegio en que Fará había estudiado y aprendido acerca de los derechos de la mujer y de la libertad durante su adolescencia. Sabía, como mínimo, que quien debía elegir a su esposo era ella y no su padre.

Fará estaba traicionando sus principios. Tal vez se hubiera cansado de nuestro trabajo, tal vez ya no estuviera dispuesta a arriesgar la vida y buscara en su lugar una vida normal con un hogar, un marido e hijos.

Yo no quiero tener hijos. Si algo he aprendido de mi propia vida y del campo de refugiados es que puedes amar a un niño aunque no haya salido de tu vientre. El hecho de que el niño lleve tu propia sangre carece de importancia. Lo realmente importante es criarlo y educarlo como es debido, y amarlo. Hay demasiados niños huérfanos y abandonados, cuyo único hogar es la calle. Tal vez adopte a uno.

No he visto llorar a Shams nunca. Todavía no sabe que sus padres murieron y nunca nos pregunta qué ha sido de ellos. Pero dos profesoras le han visto llorar varias veces cuando está en la cama. Le preguntan por qué llora, pero él nunca se lo dice. Nos da miedo que nos pregunte por sus padres, y esperamos que no lo haga durante un tiempo.

Algún día le explicaré la verdad sobre sus padres y sobre sus catorce hermanas. Es posible que me encomienden a mí esa tarea, cuando tenga unos diez años. No sé cómo se lo diré, no tengo ni idea. Tal vez le diga que muchas personas han perdido a sus padres en la guerra, y que aunque no podemos recuperar a nuestros padres, sí podemos recuperar nuestro país. Tal vez le hable de mis padres y del ejemplo que me dieron. Pero no olvidaré nunca que fui bastante afortunada por pasar mucho más tiempo con mis padres que él con los suyos, que me enseñaron mucho más de lo que pudieron enseñarle sus padres, y que además he tenido siempre a la abuela.

Conservo el camisón blanco de mi madre en la habitación. A veces lo saco y me lo acerco a la cara. No he olvidado nunca a los responsables de la muerte de mis padres y de tanta gente de mi pueblo. Ni siquiera puedo hacerme a la idea de perdonarlos. Si los llevaran ante un tribunal, me gustaría que los castigaran no sólo por la muerte de mis padres, sino también por todos los crímenes que han cometido contra mi país.

Cuando pienso en mis padres, pienso en lo que querían que hiciera. Ellos no querían que su hija pensara sólo en sí misma. A veces, aunque no con frecuencia, me gustaría poder enseñarles lo que estoy haciendo. Sé que no he hecho suficiente en mi vida hasta ahora, y eso me entristece a veces, y espero conseguir algo en el futuro.

Pero agradezco no haber estado nunca sola. La abuela estaba allí cuando perdí a mis padres, y ahora vive en el campo de refugiados en que trabajo a veces, para estar más cerca de mí. Cuando se trasladó al campamento me dijo que no quería vivir en una casa vacía completamente sola.

La abuela tiene ya setenta y tantos años. Sigue leyendo el Corán y rezando con el mismo rosario que tenía cuando yo era pequeña. Le duelen la espalda y los pies, y ya no tiene fuerzas para aguantar de pie durante la oración, así que sencillamente se balancea, tocando la alfombra con la frente.

Duerme muy poco cuando me ausento durante unas semanas. Y cuando regreso se enfada conmigo y no me habla para demostrármelo. Está muy débil y muy cansada. Llora un poco y me pregunta si no puedo visitarla más a menudo, quizá debiera morirse. Le gustaría verme cada semana.

Yo le pido disculpas. Le digo que la quiero y que no puedo dejar mi trabajo. Enseguida esboza una sonrisa y pide a Alá que me perdone por hacerla sufrir tanto. Y me hace apoyar la cabeza en su regazo y me frota la cabeza. Aún conservo la navajita roja que me regaló cuando celebré mi cumpleaños en el refugio. Y cuando puedo, le regalo un perfume.

No concibo una vida distinta de la que he elegido. Cuando la asociación me envía a Kabul o a algún otro sitio, no voy porque tenga que hacerlo, sino porque creo en lo que hago. Lo pensé muchísimo antes de elegir esta vida y no me volveré atrás.

He aprendido a convivir con el miedo. Cuando crees que el peligro está siempre presente ya no sientes miedo.

Jamás olvido que mis amigas corren peligro cuando viajo a Occidente. Estoy siempre tan preocupada, tan triste y me siento sometida a una presión tan grande que en realidad nunca disfruto de los lugares adonde voy. Sé que son lugares bellos. Recuerdo las imágenes del Coliseo de los libros de historia sobre la Roma antigua que leía de pequeña. He estado en Italia seis veces, pero nunca he ido al Coliseo. Me gustaría hacerlo, pero no ahora.

Antes de marcharme de Afganistán creía que mi futuro era muy negro, que no existía ninguna esperanza de una vida mejor para mí ni para mi país. Creía que los afganos estaban agotados después de tantos años de guerra. Habían echado a los rusos, pero ya no tenían fuerzas para levantarse contra los fundamentalistas. El colegio en que estudié me dio esperanzas, en él aprendí que la educación y el respeto a los derechos tanto de hombres como de mujeres podían cambiar la sociedad.

Tengo veintitrés años y mi mayor deseo es que la paz vuelva a mi país. Me pregunto si después de más de veinte años de guerra en Afganistán, el mundo ha comprendido el verdadero carácter del fundamentalismo, si volveré a escuchar el ruido de los soldados extranjeros desfilando en mi país, las descargas de metralla, los gritos y el llanto de la gente. Pero sé que nunca perderé la esperanza y que seguiré luchando por los ideales en los que creo, los ideales por los que sacrificó su vida Meena, la fundadora de la Asociación Revolucionaria de Mujeres de Afganistán.

Si vuelve la paz a mi país, me gustaría regresar y recorrer las calles destruidas de Kabul, sentir el sol en la piel, en la cara, no sobre el burka. Entonces no pensaría en el pasado, sino en el futuro. Enseñaría a Shams las calles de mi infancia, lo llevaría a mi casa y le enseñaría a hacer volar una cometa en nuestra azotea. Y me reiría de él cuando la cometa se le escapara de las manos y se alejara volando sola por encima de las montañas.

Epílogo

Conocimos a Zoya en la primavera del año 2001. Fuimos a verla a un pequeño hotel que queda cerca del Vaticano, donde se alojó durante un viaje a Italia para recaudar fondos. Rita había leído sobre ella hacía un tiempo y la había localizado en Pakistán, con la colaboración de Amnistía Internacional y Emergencia, una organización italiana que ayuda a las víctimas de la guerra. Teníamos permiso para hacerle una entrevista para las dos revistas para las que trabajamos.

Se reunió con nosotros en el vestíbulo del hotel. Era una joven afable y atractiva, y llevaba un vestido gris con un pañuelo sobre los hombros. Sabíamos que en su patria ni siquiera aquel pañuelo habría impedido que la golpearan en la calle.

Su mirada intensa y la seguridad con que hablaba hacían que pareciera mayor de veintitrés años. Su actitud llena de gracia contrastaba con las historias que nos contó, algunas de las cuales nos parecieron inconcebibles. Pero nos sentíamos próximos a ella y nos identificábamos con sus esperanzas. Lo que más nos impresionó fue su optimismo: quería enseñar a leer y a escribir a las mujeres en un país donde la mayoría son analfabetas, tratar a las mujeres enfermas en un país donde las autoridades habían decretado que debían morir antes que ser tratadas por médicos varones, hablar de justicia y democracia en un país en el que imperaba la ley del talión.

Después de la entrevista, le preguntamos si podíamos dar un paseo juntos. Sentíamos la necesidad de pasar más tiempo con ella sin la grabadora. Estaba lloviendo, pero aceptó sin vacilación. No le importaba la lluvia, ni siquiera quiso usar el paraguas. Nos dijo que se había exiliado a un desierto y que le gustaba la lluvia. Cuando regresamos al hotel, nos pidió que esperáramos un momento y fue a buscar algo a su habitación. Era un regalo, una caja metálica labrada a mano con piedras negras incrustadas; en su interior, había un collar, un brazalete, un anillo y pendientes de plata y esmalte azul. Nos dijo que lo habían hecho todo en un campo de refugiados.

Hablamos por teléfono con Zoya tiempo después para proponerle escribir un libro con ella. Lo primero que nos preguntó fue: «¿Por qué no escribís un libro sobre otra persona? ¿Qué tiene de especial mi historia?». Y cuando al fin accedió, nos dijo que quería que el libro expusiera el sufrimiento de todas las mujeres afganas. Vino a nuestra casa de Roma para que pudiéramos hablar largo y tendido con ella sobre su vida. Solamente las personas más cercanas a ella sabían dónde estaba, por su propia seguridad.

Contestó a todas nuestras preguntas sobre su vida, y, mientras la escuchábamos, nos arrastró a su mundo. Sentimos con ella la claustrofobia del burka, oímos el restallar del látigo de los talibanes en el aire y vimos las lágrimas de las madres que habían perdido a sus hijos.

Pero Zoya tiene un sentido del humor contagioso y también nos hizo reír con sus comentarios sobre los aspectos absurdos de la vida en el régimen de los fundamentalistas religiosos.

Son muchas las personas a las que debemos dar las gracias por ayudarnos a hacer realidad este libro: Cristina Cattafesta y Edoardo Bai, de Emergencia; Luca Lopresti, de Amnistía Internacional; nuestros jefes, que nos concedieron tiempo para escribir el libro: Sean Ryan, Paolo Palleschi y Camillo Ricci; Anne Keefe, que transcribió las grabaciones de las entrevistas rápidamente y nos animó; nuestro editor, Michael Morrison, que apoyó la idea con entusiasmo; nuestra redactora, Claire Wachtel, que se apresuró a reunirse con nosotros durante la última etapa; nuestra agente, Clare Alexander, que nos orientó desde el principio, y nuestras familias, que nos animaron con entusiasmo.

Confiamos en que antes o después visitaremos a Zoya en Kabul y la encontraremos viviendo la vida que desea llevar.

JOHN FOLLAIN y RITA CRISTOFARI
Roma, enero de 2002

Cronología

1839-1842
Primera guerra angloafgana.

1878-1880
Segunda guerra angloafgana. Los británicos consiguen el control de las relaciones exteriores del país.

1880-1901
El emir Abdul Rahman Kahn conquista Afganistán. Se fijan las actuales fronteras de Afganistán.

1933-1973
Gobierna el rey Mohamed Zahir Shah.

1959
El presidente Daud y otros ministros del Gobierno aparecen en las fiestas nacionales con sus esposas e hijas sin velo, provocando disturbios encabezados por los dirigentes religiosos.

1964
La Constitución proclama la igualdad legal de hombres y mujeres, dando lugar a más disturbios.

Julio - 1973
El rey Mohamed Zahir Shah es derrocado por su ex primer ministro Daud mientras estaba de vacaciones en el golfo de Nápoles.

Abril - 1978
Golpe militar marxista-leninista. El Partido Democrático Popular de Afganistán toma el poder.

Diciembre - 1979
El ejército soviético invade Afganistán. Los guerrilleros muyahidines inician la lucha contra los invasores.

Febrero - 1986
El dirigente soviético Mijaíl Gorbachov describe Afganistán como una «herida abierta» y declara que quiere retirar las tropas.

Febrero - 1989
Retirada de las tropas soviéticas.

Abril - 1992
Los muyahidines toman el poder en Kabul. El presidente Najibulá se refugia en el recinto de Naciones Unidas.

1993
Mueren diez mil civiles en las luchas entre el presidente Rabbani y el dirigente muyahidín fundamentalista Gulbudin Hikmetyar.

Noviembre - 1994
Los talibanes toman Kandahar.

Septiembre - 1995
Los talibanes toman Herat.

Noviembre - 1995
Los talibanes bombardean Kabul. Las fuerzas gubernamentales les obligan a retroceder.

Septiembre - 1996
Los talibanes toman Jalalabad y Kabul. Ahorcan a Najibulá y a su hermano.

Agosto - 1998
Osama Bin Laden es acusado de los atentados contra las embajadas estadounidenses en Kenia y en Tanzania. El mulá Omar promete protección a Bin Laden. Estados Unidos ataca con misiles de crucero los campamentos de Bin Laden en Jalalabad y Khost.

Junio - 1999
El FBI coloca a Bin Laden a la cabeza de la lista de criminales más buscados.

Enero - 2000
Los talibanes matan a unos trescientos civiles en Yakaolang.

Marzo - 2001
Destrucción de las imágenes colosales de Buda en el valle de Bamiyan.

Septiembre - 2001
Bin Laden es acusado de los ataques al World Trade Center y al Pentágono.

Octubre - 2001
Estados Unidos e Inglaterra lideran la ofensiva aérea contra la organización de Bin Laden en Afganistán.

Noviembre - 2001
La Alianza del Norte toma Kabul.

Diciembre - 2001
Firma de los Acuerdos de Bonn auspiciados por la ONU, que prevén la formación de un gobierno interino controlado en su mayor parte por la Alianza del Norte.

Índice

Título de la edición original: *Zoya's Story*
Traducción del inglés: Ángela Pérez,
cedida por Circe Ediciones, S. A.
Diseño: Eva Mutter
Fotografía de la sobrecubierta: Archivo IDEE

Círculo de Lectores, S. A. (Sociedad Unipersonal)
Travessera de Gràcia, 47-49, 08021 Barcelona
www.circulo.es
1 3 5 7 9 4 0 0 4 8 6 4 2

Depósito legal: B. 1125-2004
Fotocomposición: gama, s. l., Barcelona
Impresión y encuadernación: Printer industria gráfica, s. a.
N. II, Cuatro caminos s/n, 08620 Sant Vicenç dels Horts
Barcelona, 2004. Impreso en España
ISBN 84-672-0139-8
N.º 38869